Marian und Erik de Graaf
Makrobiotisch für mich
Rezepte für den Einpersonen-Haushalt

Marian und Erik de Graaf

MAKROBIOTISCH FÜR MICH

Rezepte für den Einpersonen Haushalt

pala·verlag gmbh

Für unsere Mütter

Die Originalausgabe erschien 1983 im Verlag
Van Dishoek, Weesp, Niederlande
unter dem Titel: **Voor mij alleen macrobiotiek**

ISBN: 3-923176-42-2
©1986: pala-verlag, Darmstadt
4. Auflage, 11.-12. Tausend 1995
Alle Rechte vorbehalten
Lektorat: Wolfgang Hertling
Übersetzung aus dem Niederländischen Franz J. Lukassen
Umschlaggestaltung: Heine & Lukasczyk, Mühltal
Titelfoto: Erika Heine, Mühltal
Illustrationen: Ruud Bruyn und Fred de Heij
Druck: Fuldaer Verlagsanstalt, Fulda

Dieses Buch (Innenteil und Umschlag) ist auf
Recyclingpapier aus 100 % Altpapieranteilen gedruckt.

Inhalt

Vorwort

In den letzten Jahren haben zahlreiche alleinstehende Menschen an unseren Kochkursen teilgenommen. Wenn wir es nicht schon lange gewußt hätten, dann hätten wir von ihnen gelernt, daß Kochen für einen alleine etwas ganz anderes ist, als das Vorgehen nach Rezepten aus „normalen" Kochbüchern für 4 Personen. So haben wir uns dazu entschlossen, speziell für diese Gruppe allein lebender Menschen ein Kochbuch zu schreiben. Dies allerdings unter dem Gesichtspunkt der natürlichen vegetarischen Küche. Wir wollten wesentlich mehr bieten als nur eine Sammlung von Rezepten. Wir wollten zusammenhängende Ratschläge mit viel Text und Erläuterungen schreiben. Deshalb fangen wir erst an zu kochen, nachdem wir mit Hilfe der auf menschlicher Vernunft begründeten Argumente erläutert haben, was wir unter natürlicher Ernährung verstehen und vor allem auch, wie sehr diese Ernährung für unsere Gesundheit bestimmend ist. Daraus leiten wir anschließend ab, über welche Küchengeräte ein Alleinstehender unserer Ansicht nach auf jeden Fall verfügen sollte, was der Hausvorrat umfassen sollte und wo man diese Dinge am besten einkaufen kann.

Unsere Argumente führen uns dazu, den Akzent bei den Rezepten auf Getreide und Getreideprodukte zu legen. Darüber hinaus wollen wir zeigen, daß es eigentlich auf der Hand liegt, Nahrungsmittel tierischen Ursprungs wie Fleisch, Eier, Käse, Milch usw. wegzulassen — vor allem im Einpersonen-Haushalt. Außerdem wird sich zeigen, wie leicht das mit Blick auf die Gesundheit zu vertreten ist. Neben Getreide verwenden wir hauptsächlich Gemüse, einige Hülsenfrüchte und der Abwechslung halber manchmal auch Samen, Nüsse oder Früchte.

Wir sind bestrebt, so weit wie möglich Produkte aus unseren Breiten entsprechend der Jahreszeit zu verwenden. Alles zusammengenommen ist diese Art der Ernährung heute unter dem Begriff Makrobiotik bekannt. Wir sind davon überzeugt, daß es mit den verschiedenen makrobiotischen Rezepten aus diesem Buch sehr gut möglich ist, Mahlzeiten für Alleinstehende zusammenzustellen, die mindestens ebenso gut schmecken wie die übliche Küche.

Im Rahmen dieser Gesichtspunkte werden wir uns nicht nur der Zubereitung gewöhnlicher und alltäglicher Mahlzeiten widmen, sondern auch der Verarbeitung von Resten, wenn Sie es einmal eilig haben, der Zubereitung festlicher Gerichte, wenn Sie Gäste erwarten, oder ganz einfacher Mahlzeiten, wenn Schmalhans Küchenmeister ist.

Als wir mit der Arbeit an diesem Buch begannen, waren unsere Erfahrungen rund um die Einpersonen-Küche recht dürftig. Um diesen Mangel auszugleichen, schrieb Marian den Rezeptteil größtenteils außerhalb der ihr vertrauten Umgebung in einer Zeit, als Erik aus Studiengründen für zwei Monate von ihr getrennt leben mußte. In dieser Zeit standen ihr lediglich die Möglichkeiten einer Einzimmer-Bewohnerin zur Verfügung. So erfuhr sie am eigenen Leibe die Einschränkungen, die eine solche Situation mit sich bringt, und sie konnte sich gut in die Materie einfühlen. Es wird unsere Leser und Leserinnen vielleicht interessieren, daß wir anschließend unseren normalen Zweipersonen-Haushalt fortgesetzt haben, allerdings um eine Erfahrung reicher.

Marian und Erik de Graaf
Wanneperveen

Für wen ist dieses Buch gedacht?

In erster Linie denken wir an die beiden folgenden, völlig verschiedenen Einpersonen-Haushalte:

I: Zimmerbewohner, wie Studenten, arbeitende Jugendliche und Jugendliche, die sich nicht mehr an Mutters Küche halten möchten.

II: Die Einpersonen-Haushalte nicht mehr so jugendlicher unverheirateter, geschiedener oder verwitweter Menschen.

Personen der ersten Gruppe werden im allgemeinen über nicht so viele Kochmöglichkeiten verfügen: bestenfalls zwei Gasflammen, aber keinen Kühlschrank und keinen Backofen. Oft haben sie auch nur wenig oder gar keine Kocherfahrung, und ihr Budget ist sehr beschränkt. Allerdings sind sie stark motiviert, anders, natürlicher zu essen.

Personen der zweiten Gruppe verfügen meist über eine gut ausgestattete Küche und ein etwas größeres Budget. Darüber hinaus haben sie Erfahrung und verfügen über ein gewisses Maß an „Betriebsblindheit" durch ihre frühere, über Jahre hinweg praktizierte Art zu kochen. Intuitiv und/oder verstandesgemäß befürworten sie zwar die andere, natürliche Ernährungsweise, doch ist ihre Motivation weniger ausgeprägt als bei den Vertretern der ersten Gruppe.

Durch unsere Erfahrung lernten wir schließlich noch eine dritte Gruppe kennen. Es sind die Einzelgänger, die sich innerhalb von Familien anders ernähren wollen. Wenn die fragliche Person diejenige ist, die immer kocht, wird sie (oder er) gezwungen sein, in Zukunft zwei Arten von Mahlzeiten zu kochen, was ein Problem ist und dazu führen kann, daß die andere, bessere Ernährungsweise aufgegeben wird. Auch dieser Gruppe möchten wir mit diesem Buch Hilfe anbieten. So können sich zum Beispiel Hausfrauen in der Mittagszeit, wenn Mann und Kinder nicht da sind, ihrer eigenen Einpersonen-Mahlzeit widmen. Anschließend können sie abends mit Tips aus diesem Buch und den Resten des Mittagessens eine Mahlzeit für sich zubereiten. Sie haben dann Hände und Herd frei für das „normale" Abendessen der anderen.

Da wir glauben, daß die eine Gruppe wesentlich größer ist als die anderen, wenden wir uns in erster Linie — aber nicht ausschließlich — an die erste Gruppe. Daher haben wir uns auch für einen nicht zu formellen Schreibstil entschieden und werden unsere Leser duzen.

Was ist natürliche Ernährung?

Du selbst bist ein Stück Natur

Fast täglich kann man es hören oder lesen: Die Qualität unserer Nahrung nimmt ab. Der eine Hormonskandal ist noch nicht ganz ausgestanden, da steht der nächste schon ins Haus. Und das alles, obwohl allmählich der Zusammenhang zwischen den modernen Wohlstandskrankheiten und der Qualität unserer Nahrung erkannt wird. Was kann man eigentlich noch essen, wenn man keine Hormone und kein Gift zu sich nehmen will? Davon handelt dieses Buch.

Dieses Kapitel beschäftigt sich mit den Ausgangspunkten für diese Art der Ernährung und den entsprechenden Argumenten. Dabei müssen wir einige heilige Kühe der modernen Eßgewohnheiten schlachten, aber zugleich versuchen wir deutlich zu machen, warum wir das tun, so kann jeder selbst entscheiden, ob er vielleicht doch anderer Meinung ist. Du mußt also nicht unbedingt mit uns übereinstimmen. Schon bald wirst Du merken, daß wir von einigen vertrauten Nahrungsmitteln abraten, von denen Dir einige vielleicht sogar besonders gut schmecken. Irgendwann wirst Du Dich sogar fragen, was man denn eigentlich noch essen kann. Keine Sorge, im Rezeptteil werden wir das klären. Dort lernst Du eine Reihe neuer Zutaten und Zubereitungsarten kennen. Wenn Du erst einmal damit umgehen kannst, ernährst Du Dich mindestens ebenso abwechslungsreich wie früher und dazu noch viel gesünder.

Die Menschen entfernen sich heute immer mehr von der Natur. Inmitten all der Technik und Künstlichkeit könnte man beinahe vergessen, daß man selbst ja auch ein Stückchen Natur ist. Aber man kann sich nicht einfach vom großen Ganzen lösen. Im Gegenteil: Man tut gut daran, die Verbindung mit der restlichen Natur so weit wie möglich aufrecht zu erhalten. Und wie kann man das erreichen? Du kannst ja keinen Wald in einem Zimmer im dritten Stock mitten in der Stadt anpflanzen. Aber das ist auch gar nicht nötig, denn der engste Kontakt zur Natur besteht nicht erst, wenn man sich in einer natürlichen Landschaft aufhält. Am engsten ist man durch die Nahrung mit der Natur verbunden.

So jedenfalls sollte es sein. Die Nahrung, das Stück Natur, versorgt Dich nicht nur mit Energie zur Bewegung, wie Benzin in einem Auto, nein, sie baut auch an Deinem Körper mit. Sie wird Dein Körper und noch mehr. Überlege mal: Die Nahrung wird vom Blut aufgenommen und gelangt so in alle Zellen Deines Körpers. Diese Zellen bilden zusammen Deine Organe und Dein Nervensystem einschließlich Deines Gehirnes. Daher ist die Funktion Deines Gehirnes, Dein Denken, Dein Geist, Deine Mentalität in hohem Maße von dem abhängig, was Du ißt! Was nimmt ein Mensch außer Nahrungsmitteln noch in sich auf? Zunächst einmal die sogenannten elektromagnetischen Wellen, auch Strahlung genannt. Beispiele dafür sind Wärme, Licht usw. Zweitens ist das die Luft, die Du einatmest. Ohne Luft erfolgt in Deinem Körper keine Verbrennung und er kann nicht leben. Drittens ist da das Wasser, das Du trinkst. Wasser ist die Grundlage aller Lebensäußerung Deiner Zellen. Es ist gleichgültig, ob es sich dabei um ein Erfrischungsgetränk, um Kaffee, Tee oder Bier handelt. Und schließlich gibt es noch die weniger faßbaren Einflüsse, die von außen auf uns einwirken. Sie stammen von anderen Menschen und Tieren. Du erfährst sowohl positive als auch negative Einflüsse, und sie können sehr große Bedeutung für Dich haben.

Alles, was wir bis jetzt aufgezählt haben, ist ebenfalls Nahrung, doch es gibt einen großen Unterschied zwischen den vier zuletzt genannten Arten und Deinem Essen. Du bist nämlich kaum dazu in der Lage, auf die Faktoren Strahlung, Luft und Wasser großen Einfluß zu nehmen. Allerhöchstens kannst Du Quellwasser in Flaschen von weither benutzen. Eine solche Alternative gibt es für die Luft und die Strahlung (noch?) nicht. Noch weniger direkten Einfluß hast Du auf die Haltung der Anderen Dir gegenüber. Dagegen kannst Du Dir Deine Nahrung (Dein Essen) selbst aussuchen.

Sich auf die Verbindung mit der Natur besinnen, heißt: Sich so natürlich wie möglich zu ernähren. Das ist heutzutage in einer modernen Stadt sehr gut möglich. In den Naturkostläden, die in den letzten Jahren überall entstanden sind, kannst Du genau das kaufen, was Du brauchst. Aber passe auf, selbst in diesen Läden findest Du alles mögliche, das — genau besehen — so natürlich gar nicht ist. Um die Auswahl zu erleichtern, wollen wir erklären, was natürlich ist und was nicht.

Lerne aus der Vergangenheit und von anderen Völkern

Im Kampf um die Existenz hat der Mensch als Gattung bis heute bestanden, indem er in Harmonie mit der Natur lebte. Wenn er das nicht tat, so folgte unwiderruflich der Tod. Da Generation nach Generation so lebte, entwickelte sich allmählich der Körper des Menschen in optimaler Anpassung an die Umstände um ihn herum. Der Mensch paßte sich an die Nahrung an, aber umgekehrt war die Nahrung, wie er sie zu sich nahm, optimal für die Natur, den Bau und die Funktionsweise seines Körpers.

Um nun herauszufinden, woraus diese natürliche Ernährung bestand, kannst Du zwei Dinge tun. Zunächst kannst Du in der Geschichte zurückgehen und versuchen, herauszufinden, was der Mensch seit alters her aß. Darauf ist ja seine Verdauung und auch sein Körper eingestellt. Versuche auch herauszufinden, wann und weshalb der Mensch davon abgewichen ist und welche Folgen das für seine Gesundheit und die Gesellschaft hatte. Du solltest einmal Deine Eltern oder Großeltern fragen. Es ist erstaunlich, was man früher alles gegessen hat, was heute überhaupt nicht mehr gegessen wird, oder was man früher alles nicht aß, das heute gegessen wird.

Und dann gibt es die Geschichte in Büchern. Alte Aufzeichnungen: Etwa die alten Schriften der Römer und Griechen und die Bibel. Die ältesten Bücher mit Informationen über dieses Thema stammen aus China. Sie sind etwa viertausend Jahre alt. Durch Beschäftigung mit archäologischen Ausgrabungen kann man sich auch noch weiter in der Zeit zurückarbeiten. Die Archäologie lehrt uns nämlich sehr viel über unsere früheren Eßgewohnheiten, gerade in Zeiten, in denen der Mensch noch mit der Natur in Verbindung stand — mehr als ihm manchmal lieb war.

Es gibt noch einen zweiten Weg, um dahinterzukommen, woraus die natürliche Nahrung für den Menschen bestehen muß. Dazu begeben wir uns nicht in die Vergangenheit, sondern an andere Orte auf der Erde.

Was essen Völker, die noch eng mit der Natur verbunden sind? Leider sind solche Völker kaum noch zu finden. Sogar Entwicklungshelfer in Afrika haben mit Völkern zu tun, die bereits allerlei Einflüssen unserer modernen ,,Kultur" ausgesetzt sind, zuweilen schon seit Generationen. So müssen wir uns auch hier zum Teil mit der Literatur aus Zeiten behelfen, als Entdeckungsreisender noch ein ,,Beruf mit Zukunft" war. Aus jener Zeit gibt es Literatur in Hülle und Fülle, die beschreibt, wie Naturvölker lebten. Versuche einmal, das Gute ihrer Ernährung mit dem Guten unserer gegenwärtigen Ernährung zu kombinieren. Das ist der zweite Ausgangspunkt dieses Buches.

Beinahe überall das gleiche Muster

Beim Studium älterer und anderer Völker stößt Du schon bald auf die Gemeinsamkeiten in der Ernährungsweise. Es ist immer die Rede von Grundnahrungsmitteln. Kennen wir so etwas heute auch noch? Die wichtigsten sind Getreide: z. B. Reis im Fernen Osten, Weizen und Gerste im Mittleren Osten und Mais in Amerika. Fast immer und überall gab es Getreide. Neben dem Getreide findest Du beinahe immer Hülsenfrüchte oder Samen. (Diese Begriffe haben in der Biologie etwas abweichende Definitionen. Wir gebrauchen die Begriffe in diesem Buch in der Bedeutung, die sie auch im täglichen Sprachgebrauch und im Haushalt haben). Etwa Sojabohnen im Fernen Osten, Bohnen und Erbsen im Mittleren Osten und die Vorläufer unserer weißen und braunen Bohnen in Amerika. Auch die regional vorkommenden Arten von Gemüse (wild oder angebaut) waren Bestandteil der Grundnahrungsmittel.

Neben Getreide, Hülsenfrüchten, Samen und Gemüse gibt es noch eine vierte Kategorie: die Fermentationsprodukte. Das sind Nahrungsmittel, die der Einwirkung von Mikroorganismen und Enzymen unterzogen wurden, ehe man sie ißt. Dadurch verändern sie ihren Charakter in einer Weise, die wir seit altersher als angenehm empfinden. Es gibt zahlreiche Arten von Fermentationsprodukten. Altbekannt ist die alkoholische Gärung von Getreide, die Grundlage für Brot und auch für Bier ist.

Andere bekannte Fermentationsprodukte — diesmal auf Basis von Sojabohnen — sind z. B. echtes Ketjap aus Indonesien und Tamari aus Japan. Ein Beispiel für fermentiertes Gemüse ist Sauerkraut.

Makrobiotik

Mehr natürliche Ernährung auf der Basis des Guten aus der Nahrung von früher, des Guten aus der Nahrung anderer Völker und des Guten unserer heutigen Nahrung, das verstehen wir unter Makrobiotik. Makrobiotik, das ist: Als Mensch dieser Zeit, individuell, in Harmonie mit der Natur leben. ,,Als Mensch dieser Zeit", weil wir vor allem die Vergangenheit nicht schöner machen dürfen als sie war, und ,,individuell", weil jeder Mensch ein wenig anders ist und sich daher auch ein bißchen anders ernähren muß.

Bei der makrobiotischen Art zu kochen, wie wir sie in diesem Buch behandeln, liegt die Betonung also auf Getreide und Getreideprodukten,

Hülsenfrüchten und Gemüse. Zur Abwechslung werden manchmal auch noch Nüsse, Samen und Früchte gegessen. Nicht aufgezählt sind hier einige Nahrungsmittel, die im Augenblick in unserem Land sehr beliebt sind, vor allem Nahrungsmittel tierischen Ursprungs. Wir wollen ihren Genuß nicht untersagen: Makrobiotik ist keine strenge Diät. Wir möchten nur im nächsten Kapitel einige Argumente aufführen, die gegen diese Produkte als natürliche Nahrung sprechen. Argumente, über die Du am besten selbst nachdenkst.

Aber mit Argumenten allein ist es nicht getan. Das Beste ist es, bewußt am eigenen Leib herauszufinden, was die verschiedenen Nahrungsmittel genau bewirken. Experimentiere ruhig damit. Vereinbare mit Dir selbst einen Zeitraum, z. B. vier Wochen, in dem Du bestimmte Nahrungsmittel von der Speisekarte streichst, etwa tierische Produkte. Iß nach dieser Zeit vielleicht einige Scheiben Käse und achte auf die Reaktion Deines Körpers. Alle die, die schon einmal einige Wochen lang nicht geraucht oder keinen Kaffee getrunken haben, wissen genau, was wir damit meinen. Schon eine erste Zigarette nach Wochen der Enthaltsamkeit wirkt verheerend, und eine Tasse Kaffee nach langer Zeit bewirkt Herzklopfen und sorgt für eine schlaflose Nacht. So kannst Du Nahrungsmittel ihrem Wert entsprechend schätzen lernen.

Waren die Menschen früher wirklich so gesund?

Wenn man von Naturvölkern liest, stellt man fest, daß sie verschiedene Krankheiten überhaupt nicht kennen, die wir ganz normal finden. Es ist also angebracht, aus ihren Gewohnheiten Lehren zu ziehen. Aber Du hast vielleicht auch schon gehört, daß die Menschen früher so ungesund waren, während heute alles so viel besser ist. Welchen Reim soll man sich darauf machen? Wenn Menschen in diesem Zusammenhang über Ernährung sprechen, handelt es sich dabei fast immer um die jüngste Vergangenheit.

Aufgrund der schlechten hygienischen Bedingungen war früher insbesondere die Kindersterblichkeit wesentlich höher als heute, wodurch die mittlere Lebenserwartung sehr niedrig lag. Aber untersucht man anhand der spärlichen Angaben, die vorhanden sind, die „Lebenserwartung" z. B. von dreijährigen Kindern, die also die kritische Phase gut überwunden haben, dann sind die Unterschiede gar nicht mehr so gravierend. Es gab vielleicht mehr Infektionskrankheiten, aber dafür traten moderne

Wohlstandsdegenerationen nicht so häufig auf. Was weiter aus der Geschichte bekannt ist, bezieht sich eher auf die „gehobenen Schichten" als auf das „einfache Volk". Diese Gruppe hat sich auch früher viel maßloser ernährt, mit allen nachteiligen Folgen für die Gesundheit. Über den Gesundheitszustand des Durchschnittsmenschen ist aus älterer Zeit nur wenig bekannt. Doch begegnet man überall in der Geschichte wirklich alten Menschen. Die hat es also auch gegeben.

Sehr bemerkenswert ist in diesem Zusammenhang der Anfang des ältesten medizinischen Buches der Welt, des Handbuches der inneren Medizin der Gelben Kaiser (=Nei Ching) aus dem China des dritten Jahrtausend vor unserer Zeitrechnung. Darin sagt der Kaiser zu seinem Leibarzt: „Ich habe gehört, daß die Menschen in alter Zeit über hundert Jahre alt wurden und dennoch aktiv blieben, ohne ihre Kräfte zu verlieren..." Die Antwort des Leibarztes hätte auch aus unserer Zeit stammen können. Er weist zunächst darauf hin, daß die Menschen früher in Harmonie mit der Natur lebten und meint weiter: „Es gab Maß in Essen und Trinken. Man ging geregelt zu Bett und nicht unregelmäßig und maßlos..." Lebten die Menschen in ganz alter Zeit wirklich so ungesund? Das hängt ganz einfach vom eigenen Standpunkt ab und natürlich davon, welche Bevölkerungsgruppe man ins Auge faßt.

Eines kannst Du schließlich selbst gut feststellen: Außergewöhnliche Gesundheit all der Menschen, die sich makrobiotisch ernähren.

Nahrungsmittel, die nicht so natürlich sind, wie Du denkst

Milcherzeugnisse

Die Archezoologie (die Erforschung prähistorischer Tiere) und die Geschichte lehren uns, daß Kühe früher viel kleiner waren als jetzt. Natürlich gaben sie auch weniger Milch.

Ursprünglich lieferten Kühe natürlich nur Milch zur Ernährung ihrer Kälber. Aber Du kannst Dir vorstellen, wie Völker durch bestimmte Umstände (Kriege oder Völkerwanderungen) dazu gezwungen waren, umherzuziehen und dabei — notgedrungen — die Milch der Tiere zu verwenden lernten. Umherwandernd kann man keinen Ackerbau betreiben, muß aber doch etwas essen. So kann allmählich durch Auslese eine Rasse entstanden sein, die mehr Milch lieferte als die Jungtiere benötigten. Aber was sollte der Bauer mit dem Milchüberschuß anfangen? Darüber hinaus gaben die Kühe bei den damaligen Viehzuchtmethoden bestenfalls im Sommerhalbjahr Milch, und zwar nachdem sie gekalbt hatten. Das war natürlich die Zeit, in der die Milch wegen der Wärme am schlechtesten haltbar war. Die Milch konnte also eigentlich nur in der direkten Umgebung des Bauern verwendet werden, oder der „Kunde" mußte saure Milch akzeptieren. In einigen Gegenden war es daher so normal, daß Milch sauer war, daß man süße Milch unsauer nannte. Wollte ein Bauer seine Milch weiter transportieren oder sie erst später im Jahr verwenden, mußte er sie haltbar machen. So ist Käse entstanden.

Käse ist ursprünglich nichts anderes als eine traditionelle Art, kleine Überschüsse einer geringen Milchproduktion je Kuh aufzubewahren. Die Milch wurde eingedickt, „zur Gerinnung gebracht": Zunächst, indem man sie sauer werden ließ, später, indem man sie mit den Mägen geschlachteter Tiere in Kontakt brachte. So macht man das heute noch. Im Laufe der Zeit lernte man, den Käse kompakter zu machen, indem man die Molke herauspreßte. Noch später kam das Salzen hinzu. Allmählich kam es dann von allein zur Fermentation, der Käse reifte. So ist Käse also nichts anderes als ein tierisches Fermentationsprodukt.

Die Zubereitung von Butter war früher noch wesentlich weniger wichtig als die von Käse. Anfänglich war der Ertrag zu gering und der

Geschmack vermutlich zu schlecht. Butter war daher — außer als Schmierfett — kaum zu verwenden. Vor allem in wärmeren Ländern, in denen man über genügend pflanzliche Fette verfügte, war das Interesse an Butter gering. Du findest in unserer Geschichte Beschreibungen, wie Butter direkt nach der Herstellung geschmolzen wurde, nur das geronnene Butterfett wurde aufbewahrt.

Die Probleme des Milchtransports, der Käsezubereitung und der geringe Butterverzehr werden den damaligen Bauern nicht eben dazu getrieben haben, möglichst viele Milchprodukte über seine Kühe zu gewinnen. Wenn Du das berücksichtigst, dann verstehst Du, wie unbedeutend Milchprodukte früher für die Ernährung gewesen sein müssen. Und das, was an Milchprodukten verwendet wurde, war fast immer fermentiert. Die Milch und Butter heute und vor allem die Mengen, in denen sie genossen werden, haben nichts mit natürlicher Ernährung zu tun.

Darüber hinaus gab es in großen Teilen der Welt, z. B. in Nord- und Südamerika vor der Ankunft der Spanier sowie in China und Japan seit alters her überhaupt keine Milchprodukte, und dennoch konnten dort große Kulturen entstehen. Milch wurde in den zuletzt genannten Ländern von Erwachsenen als ein ekelerregendes und krankmachendes Produkt angesehen, was weniger abwegig ist, als Du vielleicht glaubst. Der größte Teil der Weltbevölkerung über drei bis fünf Jahre reagiert offensichtlich allergisch auf Milch: Diese Menschen werden krank, weil sie sie überhaupt nicht verdauen können. In ihrem Körper fehlt von diesem Alter an ein Enzym, das für die Aufspaltung von Milchzucker erforderlich ist. Nur europäische und nordamerikanische Völker, seit höchstens einigen hundert Jahren an Milch gewöhnt, verfügen auch in fortgeschrittenem Alter noch über dieses Enzym. Hochmütig wie wir nun mal sind, meinen wir als Minderheit, daß die Mehrheit der Menschheit krank ist, weil ihr dieses Enzym fehlt. Kennst Du auch nur ein einziges Tier in der Natur, daß im ausgewachsenen Stadium Milch trinkt? Übrigens gibt es einen deutlichen Zusammenhang zwischen der Produktion dieses Enzyms in fortgeschrittenem Alter (wegen der Verwendung von Milchprodukten) und der Sterblichkeit an Brustkrebs.

Eier

Es ist heute kaum vorstellbar, daß es früher nicht das ganze Jahr über Eier gab. Und doch ist es noch gar nicht lange her, daß ,,im Mai legen alle Vögel ein Ei" eher stimmte als „zu jeder Mahlzeit ein Ei". Abertausende Jahre lang haben sich unsere Körper entwickelt auf der Grundlage eines gelegentlich verzehrten Eis (von welchem Vogel auch immer), und zwar zu der Jahreszeit, in der es Eier gab. Auch wenn sich Griechen und Römer schon Hühner hielten, aufgrund ihrer eingeschränkten Verfügbarkeit können Eier niemals ein Grundnahrungsmittel gewesen sein. Denn in jener Zeit hatte man noch nicht die modernen Mittel, um die Eierproduktion zu steigern, wie etwa Kunstlicht im Schlafstall.

Fisch und Fleisch

Wenn man von anderen und älteren Völkern liest, fällt auf, daß der Genuß von Fisch und Fleisch im Zusammenhang mit der Gegend zu stehen scheint, in der diese Völker lebten: also mit dem Klima. Je tropischer das Klima ist, desto vegetarischer wird die Kost. Die Eskimos hingegen nehmen sehr viel tierische Nahrung zu sich. Aber was sollten sie, ohne die Importmöglichkeiten, die es heute gibt, auch anderes tun?

Mitteleuropa nimmt eine Zwischenstellung ein. Archäologen finden neben dem bekannten Getreide, den Hülsenfrüchten oder Saamen und den Gemüsearten auch Fischschuppen und -gräten, sowie Knochen. Aber es fragt sich, wer wohl an diesen Stellen gelebt haben mag: „Otto Normalverbraucher" oder ein Vertreter der „besseren Kreise"? Über die letzte Gruppe sind wir natürlich viel besser informiert als über die erste. Wallanlagen, Burgen und Heerlager bieten sich für eine Untersuchung natürlich eher an als die Überreste einer einsamen Hütte im Moor.

In der Schule lernten wir etwas über fleischessende Vorfahren, aber man muß nicht viel lesen, um zur Feststellung zu gelangen, daß die Masse der Menschen dazu einfach nicht die nötigen Mittel hatte. Jagd war vor allem für die Edelleute bestimmt, das „einfache Volk" hatte seine Finger vom Wild zu lassen, sonst konnte es ihm übel ergehen. Gewiß, die Menschen der älteren Steinzeit waren in der Tat umherziehende Sammler, Jäger und Fischer. Aber sie lebten in der Zeit kurz nach der letzten Eiszeit, als es hier klimatisch so aussah wie heute in Nordsibirien.

Dreitausend Jahre später, als das Klima wesentlich angenehmer geworden war, ließen sich die ersten Dauersiedler nieder. Es waren in erster Linie Ackerbauern, die sich von Getreide, Hülsenfrüchten oder Samen und Gemüse ernährten. Sie hielten zwar auch Tiere, doch deren Nutzung als Zugtiere, als Lieferanten von Mist, Häuten, Wolle und

Knochen zur Herstellung von allerlei Gerät ist womöglich wichtiger gewesen als ihre Rolle als Fleisch- und eventuelle Milchlieferanten.

Die oft gehörte Bemerkung, ,,unsere Vorfahren waren Jäger und Fischer'', ist also nur ein Teil der Wahrheit, was für einige überzeugte Fleischesser eine unangenehm klingende Feststellung sein muß. Es kommt noch die Tatsache hinzu, daß sich zwei Drittel der Menschheit — oft notgedrungen — vegetarisch ernähren.

Auffallend ist auch die Tendenz, daß Fleisch vor allem von Völkern in Gebieten gegessen wird, in denen es irgendwann einmal eine Eiszeit gegeben hat. Wo das nicht der Fall ist, lebte man noch bis vor kurzem vegetarisch (z. B. in Indien und Japan).

Schließlich möchten wir Dich noch darauf hinweisen, daß Fisch und Fleisch früher oft zunächst vor dem Verzehr fermentiert wurde. Eskimos machen das heute noch. Die älteste Art, Fisch haltbar zu machen, ist das Trocknen. Dabei erfolgt von außen her eine Fermentation.

Und auch fermentiertes Fleisch kennen wir, etwa bei Hasen, die vor den Weihnachtstagen abgehangen werden müssen, damit das Fleisch schön mürbe wird. Ob man das nun lecker findet oder nicht.

Zucker und Honig

Zucker ist für den Menschen kein natürliches Nahrungsmittel. Man möchte es kaum glauben, wenn man sieht, in welchen Mengen Zucker heutzutage genossen wird: Beinahe 150 Gramm pro Person und Tag! Drei Viertel des Zuckers, den Du zu Dir nimmst, siehst Du überhaupt nicht, er verbirgt sich in anderen Nahrungsmitteln. Es beginnt schon kurz nach der Geburt: Einem Baby steckt man einen in Zucker getauchten Schnuller in den Mund. Hat man der Mutter die Angst vor einem Vitamin-C-Mangel in den Kopf gesetzt, so bekommt das Kind ab einem Alter von 14 Tagen Hagebuttensirup, der zu 55 % aus Zucker besteht (und häufig neben dem Stillen empfohlen wird!). Beides ist ein guter Start in eine lebenslängliche Zuckerabhängigkeit.

Durch den immer wiederkehrenden süßen Geschmack werden die Geschmacksnerven allmählich abgestumpft, so daß Du überhaupt nicht mehr schmeckst, wie süß alles in der ,,normalen'' Küche ist, es sei denn, Du nimmst noch mehr Zucker. Genauso wie es Dir bei regelmäßigem Discobesuch nicht mehr auffällt, wie laut die Musik eigentlich ist. Erst wenn Du einige Wochen lang nicht mehr hingegangen bist, werden Deine Ohren wieder empfindlicher. So eröffnet sich Dir auch eine Welt anderer — weniger süßer — Geschmäcke, wenn Du ein paar Wochen überhaupt keinen Zucker ißt. Das ist gar nicht so einfach, denn Zucker steckt überall drin. Er ist nun mal das billigste Konservierungsmittel, das es gibt. In Marmelade sind bis zu 60 %, in Apfelmus 30 % Zucker.

Aber es gibt Zucker auch in verpackten Fleischwaren, in Pommes-Frites-Soße, in Konservenerbsen, in Tabak usw.

Ein Märchen ist die Behauptung, Zucker sei notwendig. Wenn man bedenkt, daß Zucker erst als Luxus-Genußmittel mit den Kreuzfahrern in unsere Gegenden gelangt ist, dann weiß man auch gleich die Antwort. Die Griechen, die Römer und auch unsere Vorfahren konnten mächtige Kulturen ganz ohne Zucker errichten. Zucker ist daher vollkommen überflüssig und schädlich, denn zuviel von etwas ist nie gut.

Zucker ist erst populär geworden, als er nach der Einführung des Sklavenhandels in großem Umfang billig hergestellt werden konnte. Der Sklavenhandel ist übrigens zuerst und vor allem wegen der Zuckerrohrkulturen entstanden. Rübenzucker ist noch jünger. Durch die englische Flotte von der Zuckerversorgung für sein Heer abgeschlossen, gab Napoleon den Anstoß zur Rübenzuckerproduktion. Damals betrug der Zuckerverbrauch pro Kopf etwa ein Zehntel des heutigen Bedarfs.

Merke Dir also vor allem, daß Dein Körper keinen Zucker braucht. Was er sehr wohl braucht, sind Kohlehydrate, darauf kommen wir noch zu sprechen. Ob es sich nun um Rohrzucker, um Rübenzucker, um braunen oder weißen Zucker, um Zucker aus Kuba oder aus unserem Land handelt: All das macht keinen Unterschied. So schlecht der Zucker für Dein Gebiß ist, so schlecht ist er auch für den Rest Deines Körpers und für die Art zu denken. Nur läßt sich das letzte ein wenig schwerer von außen feststellen. Die kommerziellen Interessen der „Zuckerlobby" sind jedoch leider viel zu groß, um die Nachteile von Zucker in großem Rahmen nach außen dringen zu lassen.

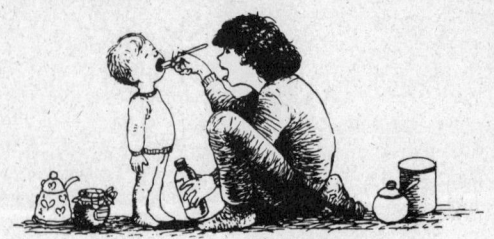

Manche Menschen wissen, daß Zucker nur „leere" Energie enthält und keine Enzyme, Vitamine usw. Sie wechseln zu Honig, da sie glauben, dieser läge näher an der Natur. Und Honig enthält ja sehr wohl Enzyme und Vitamine, allerdings sind die Mengen im Verhältnis zu den Mengen Honig, die sie verzehren, so gering, daß sie auch auf den Honig verzichten könnten. Nein, hinsichtlich der Wirkung des Honigs auf unseren Körper gibt es gegenüber dem Zucker keine Vorteile. Die Verwendung von Honig aus einem anderen Grund als Leckerbissen ist darüber hinaus auch unnatürlich. Honigbienen stammen ursprünglich aus dem Gebiet rund um das Mittelmeer. Bei uns waren sie nicht beheimatet. Damit sie auch hier den Winter überleben, füttert man sie mit Zuckerwasser. Das ist auch notwendig, denn der Imker hat ihnen den Honig ja abgenommen! Ist es dann nicht außergewöhnlich inkonsequent, selbst keinen Zucker zu sich nehmen zu wollen, aber um an ein Süßmittel zu gelangen, auf abhängige kleine Tiere zurückzugreifen, die mit Zucker am Leben erhalten werden? Auffallend ist auch, daß man im Alten Testament allerlei Berufen begegnet, wie Bauern, Bäckern, Fischer usw., doch Imker finden sich an keiner Stelle. Dort, wo also von Honig die Rede ist, stammt dieser von wilden Bienenschwärmen. So kannst Du erkennen, daß Honig selbst dort kaum zur Verfügung stand. Es ist also gar nicht so schwer, nicht zuviel davon zu essen.

Kartoffeln und ihre nächsten Verwandten

Für wie normal wir Kartoffeln vielleicht auch halten mögen, für uns sind sie kein natürliches Nahrungsmittel. Sie wurden erst von den Spaniern nach Kolumbus hoch in den peruanischen Bergen entdeckt. Dort benutzte man die giftigen Früchte um Pfeilspitzen für den Fischfang damit zu präparieren, die Knollen wurden gegessen. Es ist nicht bekannt, wie und wann genau die Kartoffel nach Europa gelangte. Gegen Ende des 16. Jahrhunderts wurde sie in Spanien bereits gegessen und im 17. Jahrhundert tauchte sie in Irland auf. Und nicht vor Ende des 18. Jahrhunderts wurde die Kartoffel in Mitteleuropa gegessen.

Die Tatsache, daß Kartoffeln hierzulande kein natürliches Nahrungsmittel sind, sieht wohl jeder ein, der sie schon einmal im Garten gezogen hat. Wenn man sich dabei nicht an allerlei unnatürliche Regeln hält, hat man gleich mit Kartoffelkrankheiten, mit Kartoffelkäfern oder anderen Schwierigkeiten zu tun. Auch die Aufbewahrung von Kartoffeln ist ein

Problem für sich. Oftmals gelingt sie nicht ohne Keimhemm-Mittel. Mit Getreide und Hülsenfrüchten hat man diese Schwierigkeiten nicht!

Das heißt nicht, daß in der makrobiotischen Küche keine Kartoffeln mehr gegessen werden. Sie werden nur als Gemüse in der Jahreszeit verwendet, wenn sie frisch sind, neben Getreide als Hauptgericht.

Was für Kartoffeln gilt, gilt auch für deren nächste Verwandte: Tomaten, Paprika und Auberginen. Auch sie sind in unserem Klima nicht ohne Kunstgriffe anzubauen. Darüber hinaus müssen wir bedenken, daß sie alle zu den Nachtschattengewächsen gehören, einer Pflanzenfamilie, aus der seit alters her zahlreiche Gifte und Rauschmittel gewonnen wurden. Selbst die Ausläufer und grünen oberirdischen Teile von Kartoffelknollen sind gefährlich giftig. Das gleiche gilt für die restliche Pflanze. In der Makrobiotik gehen wir von der Erfahrung aus, daß man diese Sorten nur mit Extremen gut kombinieren kann: bei warmem Klima, mit langer Kochzeit und viel Salz. Für uns also keine rohen Tomaten, höchstens an einem heißen Sommertag und sehr lange geschmort.

Tropische Früchte

Obwohl exotische Früchte wie Datteln und Feigen von Kreuzfahrern in unsere Gegend eingeführt wurden, blieben sie doch Köstlichkeiten für die höheren Stände. Später wurde auch die Zitrusfrucht in diesen Kreisen bekannt. Im 16. Jahrhundert wurden Zitrusfrüchte neben Gemüse und sogar Pilzen mit Erfolg von Seeleuten als Mittel gegen Skorbut eingesetzt. Aber richtig durchsetzen konnten sich die tropischen Früchte erst in jüngster Zeit, und eigentlich ist diese Entwicklung noch in vollem Gang. Der Verbrauch hat sich seit 1950 vervierfacht, da die Werbung und die Nahrungsmittelinformation uns immer wieder erzählt, daß wir ohne tropische Früchte an Vitaminmangel leiden würden. Aber unsere Vorfahren konnten schließlich früher auch ohne Fruchtluftbrücken aus den Tropen überleben. Wenn Du in Büchern nachschlägst, siehst Du, daß gekochter Rosenkohl im Winter immer noch zweimal soviel Vitamin-C enthält wie Apfelsinen, während Bananen gar nichts beinhalten außer Geschmack. Wenn Du im Winter bei einem Krankenbesuch zusätzliche Vitamine mitbringen willst, ist eine Tasche voll Rosenkohl wertvoller als ein Korb tropischer Früchte! Du wirst daher nie von uns hören, daß tropische Früchte in unserem Land zu den natürlichen Nahrungsmitteln gehören.

Industriell gezogene, bearbeitete und zubereitete Nahrungsmittel

Eine neuere Ergänzung unserer täglichen Mahlzeiten ist industriell gezogene, bearbeitete und zubereitete Nahrung. So allmählich fällt eigentlich alles darunter. Wir brauchen wohl nicht umständlich zu erläutern, weshalb wir das nicht natürlich finden. Wir lehnen die Verwendung von Kunstdünger, Pflanzenschutzmitteln (ein schönes Wort für Gift) und Chemikalien zur Verbesserung von Farbe, Geschmack oder Haltbarkeit natürlich ab.

Rohkost

Der letzte Schrei heißt „so roh wie möglich". Auf den ersten Blick scheint der Verzicht auf Erhitzung sehr natürlich, doch wird damit die gesamte menschliche Geschichte beiseite geschoben. Wir wissen aus archäologischen Untersuchungen, daß bestimmte Urahnen der heutigen Menschen schon vor beinahe einer Million Jahren das Feuer nutzten, wenn auch nicht jeden Tag in der „Küche". Seit wenigstens 40 000 Jahren ist Feuer jedoch ein fester Bestandteil unserer menschlichen Kultur, überall auf der Erde. Auf jeden Fall wurde es seit jener Zeit zur Zubereitung der Nahrung verwendet, aber vermutlich schon länger. Die Nutzung von Feuer in der Küche ist daher wenigstens so alt wie der *homo sapiens*, der ebenfalls auf 40 000 Jahre geschätzt wird. Vollkommen rohe Nahrung ist aus diesem Grund äußerst unnatürlich.

Biologisch gesehen ist Kochen eine Art Vorverdauung außerhalb des Körpers. Die Küche ist nichts anderes als das gemeinsame „Verlängerungsstück" des Verdauungssystems der gesamten Familie. Fehlendes oder zu kurzes Kochen heißt also, ein einkalkuliertes Stück Nahrungsverdauung zu überschlagen, und das kann nicht gut sein. Es kommt hinzu, daß zahlreiche normale pflanzliche Produkte im Rohzustand mehr oder weniger giftig sind. Durch Kochen werden viele dieser giftigen Stoffe unschädlich gemacht, so daß sie eßbar werden. Ein alltägliches Beispiel sind weiße Bohnen: Noch im letzten Weltkrieg gab es bei uns Vergiftungsfälle durch den Verzehr von rohen weißen Bohnen. So hat durch den Gebrauch des Feuers zur Zubereitung der Mahlzeit die Anzahl der für den Menschen genießbaren Produkte erheblich zugenommen. Die Rückkehr zur Rohkost würde uns notgedrungen von vielen dieser erworbenen Ernährungsmöglichkeiten abschneiden.

Die Biologie unseres Körpers und unsere Nahrung

Was können wir aus unserem Gebiß schließen?

Wir sahen bereits, daß der Mensch und die Nahrung, die er von Natur aus zu sich nahm, aneinander angepaßt waren, und zwar während der gesamten menschlichen Entwicklung. Das gilt nicht nur für den Menschen, sondern auch für die Tierwelt. Eine bestimmte Art von Nahrung und ein bestimmter Körperbau mit entsprechendem Verhalten gehören zusammen. Aus dem Körperbau des Tieres kannst Du auf die Nahrung schließen, die es zu sich nimmt. Wir wollen uns daher bei dem ,,Tier'' Mensch einmal das Gebiß anschauen, die Länge des Darmkanals und das Verhalten und wir wollen sehen, welche Schlüsse wir daraus hinsichtlich der Nahrung ziehen können.

Beginnen wir mit dem Gebiß eines Raubtieres, etwa einer Katze. Vornean finden wir eine Reihe oft ziemlich degenerierter kegelförmiger Schneidezähne. Nach außen hin stehen messerscharfe, dolchförmige Eckzähne, die zum Fangen, Festhalten und Töten einer Beute, sowie zur Selbstverteidigung dienen. Die Backenzähne, die ebenfalls spitze Stellen haben, gleiten wie die Blätter einer Zick-Zack-Schere aneinander vorbei, einer anderen Bewegung ist die Katze mit ihrem Unterkiefer nicht fähig. So kann die Katze mit ihren Backenzähnen eine Beute nur in große Happen zerkleinern. Richtig kauen kann sie nicht. Der Mensch hat vom Katzengebiß nur die Eckzähne, die allerdings etwas weniger ausgeprägt sind.

Anschließend sehen wir uns die Gebisse weniger ausgesprochener Fleischfresser an, wie etwa Bär und Hund es sind. Dabei sehen wir doch noch das Kiefergelenk, das noch immer nur als Scharnier dient. Wir erkennen auch hinten im Maul, hinter den Reiß-Backenzähnen (wie bei der Katze) noch ein (Hund) oder mehrere (Bär) Paar breiter, flacher Höcker-Backenzähne. Menschen haben fünf Paar solcher Zähne, also zwanzig insgesamt. Darüber hinaus haben sie keine Reiß-Backenzähne. Das kannst Du mit einem Spiegel leicht überprüfen. Nun frißt ein Bär mehr pflanzliche Kost als ein Hund. Du siehst also, daß dies zur verstärkten Entwicklung dieser Höcker-Backenzähne geführt hat. Für den

Menschen kannst Du also feststellen, daß seine Nahrung seit jeher vorherrschend pflanzlicher Natur gewesen ist.

Werfen wir nun einen Blick auf das Gebiß eines reinen Pflanzenfressers, des Kaninchens. Hier fällt sogleich auf, wie wichtig die Vorderzähne sind, mit denen die Nahrung aufgenommen wird. Eine Katze kann das mit ihren Vorderzähnchen nicht. Doch bei ihr ist das ja auch nicht erforderlich. Wir ziehen daraus vorläufig die Schlußfolgerung, daß auch unsere Vorderzähne (Schneidezähne) offensichtlich dazu bestimmt sind, etwas abzubeißen, auch wenn unsere Vorderzähne nicht ganz so aussehen wie die eines Kaninchens.

Wenn wir zum Schluß noch das Affengebiß ansehen und mit dem des Menschen vergleichen, dann fallen die Parallelen auf, auch wenn es einige Unterschiede gibt. Die Eckzähne von Affen sind wesentlich größer als unsere. Darüber hinaus sehen die vorderen Backenzähne bei Affen eher aus wie Raubtierbackenzähne. So erkennen wir, daß das menschliche Gebiß im wesentlich geringeren Maße als das Affengebiß für die Aufnahme tierischer Nahrung bestimmt ist, und dabei werden doch die Affen als hauptsächlich vegetarisch von Blättern und Früchten lebende Tiere angesehen.

Wir fassen zusammen: Unsere zwei mal vier Schneidezähne dienen dem Beißen von Gemüse und Früchten, unsere vier Eckzähne weisen auf den tierischen Anteil in unserer Nahrung hin, und die fünf Backenzähne, mit denen wir dank der Konstruktion unseres Kiefergelenkes eine mahlende Bewegung ausführen können, sind für die Zerkleinerung pflanzlicher Produkte gedacht. Mahlen also. Und was mahlt man alles? Richtig: Getreide, Hülsenfrüchte und Samen. Das Wort Mahlzeit für Essen bringt nicht umsonst in vielen Sprachen den Zusammenhang zwischen Essen und Mahlen zum Ausdruck. Es liegt übrigens die Annahme auf der Hand, daß der Mensch auf die Idee zur ersten Mühle nach dem Beispiel seiner eigenen Backenzähne gekommen ist. Solche Mühlen sind in Afrika noch in Gebrauch. Sie bestehen aus einem großen Stein, auf dem das Mahlgut ausgestreut wird (der Unterkiefer) und einem Stein, der darauf hin und her bewegt wird (der Oberkiefer), eine mühevolle Arbeit. Das zeigt, wie eingeschränkt die Verwendung von Mehlprodukten anstelle ganzer Getreidekörner ursprünglich gewesen sein muß.

Wir sind jetzt in der Lage, auf Grundlage unseres Gebisses eine einfache Überschlagsrechnung hinsichtlich der Zusammensetzung unserer Mahlzeit zu machen:

4 Eckzähne (für tierische Nahrung)	12,5 %
8 Schneidezähne (für Gemüse und Früchte)	25,0 %
20 Backenzähne (für Getreide, Hülsenfrüchte und Samen)	62,5 %
32	100 %

Hier siehst Du auch gleich, daß das Verhältnis tierisch : pflanzlich = 12,5:(25 + 62,5) = 1:7 ist. Und auf diesen tierischen Anteil kommen wir später noch einmal zurück.

Die Anpassung des Körperbaus der Tiere an sich allmählich verändernde Nahrungsmittelverhältnisse geht im allgemeinen recht langsam vor sich. Es ist ein Prozeß, der Zehntausende von Jahren dauert. Seit den Affen sehen wir an den menschlichen Ahnen unserer eigenen Art, wie die Eckzähne immer kleiner werden. Wir denken, daß das auf den immer geringer werdenden Anteil tierischer Nahrung in der Entwicklung vom Affen zum Menschen hinweist.

Bei der Betrachtung des Affengebisses stellten wir fest, daß unsere Schneidezähne zum Zerschneiden von Gemüse und Früchten entwickelt sind. Das gilt natürlich für einen Menschenaffen in tropischer Umgebung. Aber in unseren Breiten müssen wir uns bis zum Aufkommen des Gartenbaus gegen Ende des Mittelalters etwas anderes unter dem Verzehr von Früchten oder besser Obst vorstellen (denn Getreide und Hülsenfrüchte sind biologisch gesehen schließlich auch Früchte). In all den Jahrhunderten, in denen der menschliche Körper allmählich Form annahm, waren in unseren Breiten höchstens einige kleine, saure wilde Äpfelchen, Brombeeren, Waldbeeren, Erdbeeren usw. zu finden. Daher müssen wir es bei der Feststellung belassen, daß Obst zwar herrlich ist, aber für den Menschen nicht so natürlich, wie Werbung und Information glauben machen wollen.

Fleisch verdirbt sehr schnell

Fleisch verdirbt schnell, wir alle wissen das. Wenn Du Fleisch gekauft hast, mußt Du es so schnell wie möglich in den Kühlschrank legen oder es zubereiten, sonst wird es ungenießbar. Sobald Du es einmal gegessen hast, hast Du keine Wahl mehr. Aber dann wird es in Deinem Körper schlecht. Bei einer Temperatur von 37 Grad ist das schon bald der Fall. Nur bezeichnen wir dieses Schlechtwerden als Verdauen. Verderben und Verdauen von Fleisch (wie lecker es vielleicht auch zubereitet war) ist im Grunde das gleiche: allmähliches Zerfallen und Auflösen. Nur ist die erste Art unerwünscht, die zweite erwünscht. Bei der Verdauung von Fleisch innerhalb eines Tierkörpers entsteht eine Reihe von Abfallprodukten, mit denen der Körper gar nicht so glücklich ist, und die so rasch wie möglich wieder abgeführt werden müssen. Daher ist die Darmlänge von Fleischfressern nur so kurz: Ein Tiger muß mit drei Metern auskommen, wohingegen ein Schaf auf die Länge von 28 Metern Darm kommt. Der Mensch steht mit neun Metern in der Mitte. Das ist zu viel für große Mengen tierischer Produkte und zu wenig, um schwer verdauliche, rohe pflanzliche Produkte zu verarbeiten. Aber diese letzteren Produkte kochen wir ja auch. Insgesamt entspricht die Länge unseres Darmes damit genau einer Ernährung aus gekochtem Getreide, Hülsenfrüchten oder Samen und Gemüsen, mit vielleicht gelegentlich einigen tierischen Produkten.

Verhalten und Ernährung

Versuche einmal, sehr global den Unterschied zwischen allen Pflanzenfressern einerseits und allen Fleischfressern andererseits anzugeben. Es fällt Dir dann auf, daß Raubtiere hauptsächlich alleine leben („solitär"). Sie dulden nur einige wenige Artgenossen in ihrer Nähe. Du siehst kaum einmal zwei erwachsene Katzen, die in aller Ruhe gemeinsam aus demselben Napf fressen. Bei Kühen ist das ganz anders: Sie liegen immer sehr gesellig zusammen und käuen wieder. Im allgemeinen kann man wohl sagen, daß Pflanzenfresser sozialer leben. Wir sprechen von einer Büffelherde, von einem Rudel Hirsche usw. Es gibt hier natürlich Ausnahmen. Aber dennoch ist es gut, sich zu vergegenwärtigen, daß auch ein Mensch ein soziales Lebewesen ist, gleich welcher Seite er auch angehören mag. Wir Menschen verfügen ja schließlich über das am weitesten entwickelte Merkmal sozialen Lebens unter allen Tieren: Unser Vermögen, über Sprache und Schrift zu kommunizieren. Auch das läßt uns eher den Pflanzenfressern angehören.

Ausgehend von dieser letzten Feststellung kann es übrigens niemand mehr überraschen, daß in dieser Zeit wachsenden Fleischkonsums die Kontaktschwierigkeiten zwischen Menschen rasch wachsen: Die Menschen entwickeln sich immer mehr als Einzelgänger.

Zehn praktische Ratschläge

1) Hauptbestandteil Deiner Ernährung sollten Getreide, Hülsenfrüchte oder Samen, Gemüse und Fermentationsprodukte sein

Wir haben gezeigt, weshalb Ernährung auf Basis von Getreide, Hülsenfrüchten oder Samen und Fermentationsprodukten die natürlichste Ernährung für den Menschen ist. Darüber hinaus hat solch eine Ernährung auch noch erhebliche praktische Vorteile für den Einpersonenhaushalt. Von Getreide, Hülsenfrüchten und Samen kann man nämlich sehr gut einen kleinen Vorrat anlegen. Sie nehmen nur sehr wenig Platz in Anspruch und sind notfalls jahrelang haltbar. Außerdem sind zu ihrer Lagerung keinerlei Geräte oder spezielle Maßnahmen erforderlich. Für die meisten Fermentationsprodukte, die Du verzehren kannst, gilt übrigens das gleiche.

2) Verzehre möglichst viel pflanzliche Kost

Auch die Natürlichkeit pflanzlicher Kost ist schon behandelt worden. Aber dennoch fragst Du Dich vielleicht: Wie sieht es denn mit diesen 12,5 % tierischer Nahrungsmittel aus, die wir dem Bau unseres Gebisses und der Länge unseres Darms entsprechend essen „könnten"? Erinnere Dich an unsere eigene tierische Vergangenheit. Die meisten von uns haben bereits genügend tierische Nahrungsmittel für ihr ganzes restliches Leben zu sich genommen. Wir tun also vorläufig gut daran, wenigstens während der nächsten Jahre alle tierischen Nahrungsmittel ganz wegzulassen. Später können wir sie dann immer noch einmal so objektiv wie möglich beurteilen. Wenn Du sie nach langer Zeit des Verzichts wieder zu Dir nimmst, wirst Du deutliche Reaktionen Deines Körpers feststellen. Im Falle der Milchprodukte ist es das erneute Auftreten von „Schweißfüßen" bei dem einen, ein anderer wird beim erneuten Genuß der anderen Produkte dieser Art Schweißgeruch unter den Achseln feststellen können. Und ein dritter bekommt wieder fettige Haut und kleine Pickel. Beinahe jeder reagiert mit übermäßiger Schleimproduktion in Nase und Hals auf Milchprodukte. Das fällt Dir nur dann auf, wenn Du über längere Zeit keine Milchprodukte gegessen hast. Langfristig gesehen besteht auch ein eindeutiger Zusammenhang zwischen dem Verzehr tierischen Eiweißes und Fettes und Brustkrebs, während gerade bei Brustkrebs sogenannte krebserregende Stoffe aus der Umgebung keine wichtige Rolle spielen. Milchprodukte enthalten viel tierisches Eiweiß und Fett. Genieße Käse also höchstens noch bei festlichen Anlässen.

Milch wird uns immer als „natürliches und gesundes" Getränk verkauft. Fast alles, was unser Körper braucht, soll darin enthalten sein. Wenn Du so etwas hörst, denke zunächst an die enorme Macht der „Milchlobby". Es sind enorme wirtschaftliche Interessen mit unserem Milchkonsum verbunden.

Auch Honig ist solch ein tierisches Produkt, das die erwähnte Schleimproduktion begünstigt. Ist Honig denn wirklich ein tierisches Produkt? Blumen scheiden Nektar aus, den Bienen in ihrem Honigmagen aufnehmen, in dem dann mit Hilfe der notwendigen Enzyme eine Umsetzung (eine Verdauung) erfolgt: Aus Nektar wird Honig. Wieder zu ihrem Volk zurückgekehrt, „erbricht" die Biene den Honig in der Wabe. Honig ist also eine tierische Umformung eines pflanzlichen Ausgangsproduktes, von der Natur für die nachwachsende Generation gedacht — wie Milch.

Auch Fisch, Fleisch und Eier wirken sich in spezifischer Weise auf Deinen Körper aus. Fisch übrigens noch am wenigsten. Die kurzfristigen Effekte sind Durst und Appetit auf Süßigkeiten. Auf eine langfristige Wirkung kommen wir später noch zurück.

Im Einpersonenhaushalt hat der Verzicht auf Milchprodukte, Fleisch, Fisch und Eier den großen Vorteil, daß Du keinen Kühlschrank brauchst. Neben Geld und Platz sparst Du auch Energie.

3) Verzehre möglichst viele Nahrungsmittel aus Deiner Klimazone

Alle Menschen sind seit alters her gezwungen gewesen, das zu essen, was in ihrem Klima gedieh. Das galt so lange, bis der Transport von Nahrungsmitteln eine immer bedeutendere Rolle zu spielen begann. Zunächst — das liegt schon lange zurück — ging es vor allem um Nahrungsmittel, die nicht verderben konnten und wenig Platz beanspruchten, wie Salz, Getreide und Hülsenfrüchte. Im Vergleich zu unserer langen Menschheitsgeschichte ist es erst seit kurzem möglich, auch Produkte zu transportieren, die umfangreicher waren oder schneller verderben konnten, wie Frischgemüse, Früchte, Milchprodukte und Fleisch. Wenn Du jedoch Produkte von weit her verzehren willst, dann ist Dein Körper an Dinge gewöhnt, die nicht so rasch verderblich sind, Produkte, die nicht teuer mit dem Flugzeug transportiert werden müssen und für die unterwegs keine energiefressenden Vorsichtsmaßnahmen getroffen werden müssen.

So gesehen gibt es gar nicht so viele Einwände gegen Salz aus dem Mittelmeer oder Reis aus Südfrankreich. Viel stärker abzulehnen ist aber die Verwendung von Frischgemüse aus dem Sahel, von Äpfeln aus Chile und Lammfleisch aus Neuseeland. Indem Du solche Produkte bewußt nicht verwendest, übst Du übrigens auch einen nicht zu unterschätzenden politischen Einfluß aus.

Du würdest natürlich noch am ehesten in Harmonie mit der Natur leben, wenn Du ausschließlich Produkte aus Deiner eigenen Umgebung verwenden würdest. Aber was gedeiht eigentlich in unseren Breiten, das hier auch wirklich zu Hause ist? Das Bild in unserem Land wird heute ja von englischem Raygras, Futtermais, Asphalt und Beton bestimmt, was der natürlichen Ernährung keinesfalls dienlich ist. Unsere Landwirtschaft befindet sich überhaupt nicht in Harmonie mit der Natur. Sie wird mit zahlreichen Kunstgriffen, Kunstdünger und künstlicher Befruchtung aufrecht erhalten. Bis sich das wieder zum Guten geändert hat, müssen wir unsere Nahrungsmittel vorübergehend aus entfernter liegenden Breiten beziehen als uns das eigentlich lieb wäre. Aber achte dabei vor allem auf Produkte aus Gebieten mit einem Vierjahreszeiten-Klima, das noch ein wenig Ähnlichkeit mit dem unsrigen hat (z. B. Produkte aus dem Norden der Vereinigten Staaten, aus Kanada oder Nordjapan). Daher sprachen wir weiter oben von Klimazone, während wir doch eigentlich Klima meinten. Aber das ist erst in der Zukunft möglich, wenn sich wieder viel mehr Menschen natürlich ernähren.

4) Verzehre möglichst Produkte aus der jeweiligen Jahreszeit

Leben in Harmonie mit der Natur heißt auch, so viel wie möglich Produkte der jeweiligen Jahreszeit verwenden: Wintergemüse nur im Winter und Sommergemüse eben nur im Sommer. Daneben kannst Du auch noch Produkte verwenden, die mit Hilfe traditioneller Lagermethoden aufbewahrt wurden (z. B. durch Trocknen, Einmieten, Einsalzen oder Räuchern). Das haben unsere Vorfahren auch tun müssen und daher ist unser Körper daran noch am besten angepaßt. Unsere Ahnen kannten ja schließlich keine Konservenfabriken, Kühl- und Gefrieranlagen oder radioaktive Bestrahlung, durch die sich Sommernahrung bis in den Winter hält. Sie kannten auch keine energieverschlingenden Treibhäuser, um im Winter Sommergemüse zu züchten. Wir machen im Augenblick ein Riesentheater um Sommernahrung im Winter (z. B. Tomaten, Salat und Gurken) oder um Produkte aus südlichen Ländern, doch niemand versucht ernsthaft, uns im Sommer Grünkohl oder Rosenkohl anzubieten. Wir meinen, daß das auf die bereits erwähnte unrichtige Vorstellung zurückzuführen sei, Sommergemüse enthalte bestimmte Vitamine und Wintergemüse nicht.

In einem Einpersonenhaushalt ohne Kühlschrank und entsprechend dem Klima bzw. den Jahreszeiten lebend, wirst Du schlimmstenfalls öfter ins Geschäft gehen müssen, wenn Du frisches Frühjahrs- und Wintergemüse kaufen willst — vorausgesetzt, es gibt welches. Von richtigen, eher winterlichen Gemüsen wie Kohl, Möhren und Zwiebeln kannst Du Dir dagegen einen kleinen Vorrat anlegen. Aber darauf kommen wir später noch einmal zurück.

Saisongemüse kaufen heißt auch: Nicht hinter Glas gezüchtet, nicht aus dem geheizten Treibhaus, aber auch nicht aus dem Kühlen. Das bedeutet, daß Du Dir keine Sorgen über hohen Nitratgehalt im Gemüse machen mußt. Solch hohe Nitratgehalte treten nämlich gerade bei Züchtung hinter Glas auf. Es ist also nur die unnatürliche Anbauweise, die zu diesen Problemen führt. Produkte der Jahreszeit kaufen heißt schließlich auch: Dann kaufen, wenn das Angebot reichhaltig ist und die Preise niedrig.

5) Verzehre möglichst saubere Nahrung

Wenn Du sagst, man solle möglichst sauberes Gemüse essen, dann ist jedermann damit einverstanden. Niemand ist wirklich ein Fürsprecher irgendeiner Verunreinigung. Es wird aber erst interessant, wenn Du auch die Frage stellen würdest, was man eigentlich unter sauberer Nahrung versteht. Jeder hat da nämlich so seine eigenen Vorstellungen, und jeder hat recht, auch wenn jeder nur sein eigenes kleines Stück der ganzen Wahrheit sieht. Wir möchten hier übrigens nicht den Versuch unternehmen, diese ganze Wahrheit zu definieren. Wir nannten schon die Verwendung von Kunstdünger, Pflanzenschutzmitteln und Chemikalien zur Verbesserung von Farbe, Geschmack und Haltbarkeit.

Die größte Verunreinigung unserer Nahrung haben wir auch erwähnt: Zucker. Es ist in diesem Augenblick überhaupt nicht so wichtig, was wir noch alles nicht in der Nahrung haben wollen. Je mehr Du Dich damit beschäftigst, desto mehr Inhalt wird ein solcher Begriff für Dich bekommen. Du findest Dich dann von ganz alleine im Naturkostladen wieder.

6) Verzehre möglichst viel vollwertige Nahrung, die so lange wie möglich noch lebendig ist

Unter vollwertiger Nahrung verstehen wir Produkte, die so wenig wie möglich bearbeitet und raffiniert sind, aus denen so wenig wie möglich entfernt wurde. Wenn volles Getreide wie Reis oder Gerste zu weißem Reis oder Perlgraupen geschält wird, dann wird ein Teil des Kornes nicht verwendet. Die geschälten Körner darf man dann aber nicht mehr als vollwertig bezeichnen, auch wenn mit großen Buchstaben auf der Verpackung steht, daß sie angereichert seien. Auch Gemüse wie Karotten wird erst wirklich vollwertig, wenn Du die Wurzel von oben bis unten verzehrst — und darüber hinaus auch das Laub. Das gleiche gilt auch für das Laub von Rettich, Radieschen, Rüben, Kohlrabi, die grünen Außenblätter von Blumenkohl, den harten Kern von Weiß-, Rot- und Grünkohl, die Nerven und nicht-holzigen Teile von Grünkohl und die Wurzeln von Lauch. Das alles läßt sich sehr schmackhaft zubereiten. Es stellt allerdings wesentlich höhere Anforderungen an die Qualität Deines Gemüses. Laub, das andere Menschen wegwerfen, muß nun in Zukunft bei Dir auch ungespritzt sein. Insgesamt finden wir ein Gemüse umso besser, je mehr man davon verwenden kann. Nur Artischocken- böden zu essen, ist nichts für uns.

Wenn Du Getreidekörner, Hülsenfrüchte oder Samen in die Erde steckst, keimen sie und werden zu Pflanzen. Selbst Jahre nach der Ernte kann das der Fall sein. Getreide, Hülsenfrüchte und Samen sehen dann vielleicht wie harte tote Dinge aus, aber nichts wäre weniger richtig. Sie sind noch springlebendig. Belasse sie daher auch so lange wie möglich so, bis zum Augenblick der Zubereitung. In diesem Zustand sind sie nämlich von Natur aus noch weitaus am besten gegen unerwünschte Einflüsse von außen gefeit. Sobald Du sie durch Pletten, Mahlen, Pressen usw. tötest, setzen Oxydation und Fäulnis ein, und es werden Teile der Luft ausgesetzt, die sonst optimal davor geschützt sind. Von diesem Augenblick an kann es mit der Qualität bergab gehen. Verwende daher

Flocken anstelle von Mehl, aber lieber noch ganze Körner als Flocken. Ganze Körner sind außerdem am wenigsten anfällig für Schadinsekten, bei Flocken ist das schon häufiger der Fall und am stärksten bei Mehl.

Flocken sind übrigens ein eindeutiges Industrieprodukt und daher überhaupt nicht natürlich. Über das mühevolle Mahlen von Mehl ohne technische Hilfsmittel haben wir schon gesprochen. Der Einsatz anderer Energieformen als der menschlichen hat Mahlen in großem Stil und damit die Brotkultur ermöglicht. Hintereinander waren das die Energie von Sklaven, Pferden, Wasser, Wind, Öl und jetzt Atomstrom.

7) Schränke die Fettaufnahme so weit wie möglich ein

Im Gegensatz zu dem, was man oft hört, braucht der Körper Fett nicht wirklich. Du produzierst es selbst aus allem, was Du ißt. Auch wenn Du in der Küche überhaupt kein Fett oder Öl verwendest, nimmst Du immer noch eine beträchtliche Menge auf. Getreide, Hülsenfrüchte und Samen z. B. enthalten von Natur aus Fett: Hafer 7 %, Sojabohnen sogar 18 % und Sonnenblumenkerne 47 %. Sogar Gemüse enthält geringe Mengen Fett.

Dennoch haben wir oben etwas zu weitgehend generalisiert. Es gibt nämlich verschiedene Arten von Fett. Von einigen, den mehrfach ungesättigten, sollte man tatsächlich geringe Mengen mit der Nahrung aufnehmen, da der Körper sie nicht selbst produzieren kann. Aber dafür muß man nichts besonderes tun, denn diese Fette finden sich gerade in Getreide, Hülsenfrüchten und Samen. Außerdem sind sie noch zur Genüge in Pflanzenölen enthalten, die zum Anbraten verwendet werden. Beschränke Deine Fettaufnahme also so weit wie möglich. In unserem Wohlfahrtsstaat bekommst Du dann immer noch mehr als genug davon. Über die Nachteile von Fett kannst Du im Zusammenhang mit den gesättigten Fetten lesen: Die tierischen Fette (außer Fischöl) und Kokosfett. Das ist in Milchprodukten, in Fleisch und in den meisten Margarinesorten enthalten. Wir wissen heute alle, daß die Möglichkeit einer Herz- oder Gefäßkrankheit zunimmt, wenn Du viel gesättigtes Fett zu Dir nimmst. Du liest oft, wie dieses Fett dann zu einem erhöhten Cholesteringehalt des Blutes führt. Das heißt, daß Deine Blutgefäße allmählich von einer weißlichen, schleimigen Masse verschlossen werden. Auch Eier tragen übrigens viel dazu bei.

Jüngste wissenschaftliche Untersuchungen haben überzeugend dargestellt, wie man rasch solch einem erhöhten Cholesteringehaltabhelfen kann: durch makrobiotische Ernährung! Ein amerikanischer Herzspezialist drückte es besonders kraß aus: „Wenn der Mensch immer schon tierische Produkte in solchen Mengen zu sich genommen hätte, wie das heute üblich ist, dann wäre unsere Gattung schon längst ausgestorben, und zwar nur wegen der Folgen für Herz und Gefäße."

8) Trinke nur dann, wenn Du Durst hast und nicht mehr

Jeder ist davon überzeugt, daß zuviel Essen ungesund sei. Manche Menschen sagen, daß man nur essen soll, bis man satt ist, oder vielleicht sogar ein bißchen weniger. Es geht jetzt nicht um die richtige Menge, sondern darum, daß Du Dein Sättigungsgefühl als Angelpunkt nimmst.

Wenn Du die gleichen Menschen fragst, wieviel man trinken soll, erhält man Antworten wie: „Du trinkst besser ein bißchen zuviel als zu wenig" oder „trink einen Liter mehr als Du Durst hast". Das letzte sagt man vor allem zu stillenden Müttern. Sobald es ums Trinken geht, soll man plötzlich nicht mehr der „Stimme des Körpers" vertrauen.

Ist das nicht inkonsequent? Wir haben nicht umsonst von der Natur sowohl ein Hunger- als auch ein Durstgefühl mitbekommen. Wenn wir Durst haben, ist es Zeit, zu trinken. Aber sobald wir trinken, wenn wir keinen Durst haben, ist das nur eine unnötige Belastung für unseren Stoffwechsel, vor allem natürlich für unsere Nieren. Unser Körper ist keine offene Kanalisation, in die man so einfach Glas um Glas hineinschütten kann.

Sobald Du nach den Ratschlägen in diesem Buch ißt, werden Dir einige Dinge auffallen. Eins ist, daß Du viel weniger Durst hast als vorher, was hauptsächlich durch den Verzicht auf Fleisch und Käse kommt. Umgekehrt ist es nach einiger Zeit ohne Fleisch und Käse eines der ersten Dinge, die Du feststellst. Schon nach einer Scheibe Käse bekommst Du Durst. Du wirst sofort merken, wie entsetzlich salzig Käse ist, denn das ist der Hauptgrund für Deinen Durst.

Weniger Durst durch gute makrobiotische Mahlzeiten und daher weniger trinken heißt übrigens nicht, daß Du austrocknest. Schau Dir doch einmal an, wieviel Wasser beim Kochen verwendet wird. Außerdem kannst Du Dich selbst natürlich gut kontrollieren: So lange Du noch drei- bis viermal am Tag zur Toilette mußt, kann von Austrocknen überhaupt keine Rede sein.

9) Verwende qualitativ hochwertiges Meersalz

Die Geschichte lehrt uns, daß keine menschliche Kultur ohne Salz existiert hat. Entweder gab es Steinsalz oder es wurde Meersalz gewonnen. Salz ist eines der ältesten Handelsprodukte, vielleicht sogar das älteste. Das kann gut möglich sein, denn Salz ist sehr kompakt und verdirbt nicht, weshalb es auch längere Zeit transportiert werden kann.

Meersalz enthält eine beträchtliche Menge an Mineralien, die dem raffinierten Küchensalz fehlen. Da der Mensch bis vor kurzem immer Salz mit solchen Mineralien verwendet hat, kann man diese nicht einfach weglassen, daher empfehlen wir Meersalz. Die beste Qualität hat feines Salz aus dem Mittelmeer, das nach der besten traditionellen Methode gewonnen wird. Grobes graues Meersalz ist für die Küche ungeeignet.

In der letzten Zeit hört man gelegentlich Geschichten von Schwermetallen wie Cadmium, Blei und Quecksilber, die sich in sehr geringen Mengen im Meersalz befinden. Die gleichen Schwermetalle in etwa gleicher Konzentration gibt es auch in englischem Steinsalz, in dem gleichen Salz, das schon seit Jahrhunderten gewonnen wird. Was ist Steinsalz nun anderes als getrocknetes, einige Millionen Jahre altes Meersalz? Das Meer von damals enthielt also diese Schwermetalle auch schon! Meerwasser enthält auch heute noch von Natur aus geringe Mengen an Blei und Quecksilber, auch jenseits aller industrieller Verunreinigung, und Algen enthalten Cadmium, das letztendlich wieder ins Meerwasser gelangt. Die Produkte aus dem Meer mit diesen Schwermetallen haben wir seit alters her gegessen. Sehr geringe Mengen dieser Schwermetalle haben also unseren Körper durch die Jahrtausende hinweg mit beeinflußt. Du brauchst davor keine Angst zu haben.

Verwende beim Kochen immer ein bißchen Salz, aber halte den Salzverbrauch in Maßen. Wenn Du glaubst, daß salzloses Kochen gut sei, dann denke an die Geschichte der ältesten menschlichen Kulturen. Du kannst Dich nicht gut ernähren, wenn Du Dich davon entfernst.

Salz ist in der Küche vor allem wichtig bei Getreide und Hülsenfrüchten. Salz fördert die Speichelproduktion sehr stark. Speichel ist wichtig für die Verdauung von Getreide und Hülsenfrüchten. Im Speichel befinden sich Enzyme, die unverzichtbar sind. Die Verdauung von Getreide und Hülsenfrüchten beginnt schon im Mund und nicht erst im Magen! Was Du im Mund nicht machst, das kannst Du im Körper nicht mehr nachholen. Darum ist gutes Kauen so wichtig.

Eine gute Art, die notwendigen Mineralien aus dem Meer oder aus der ganzen Meeresumgebung aufzunehmen, ist der Verzehr von Meeresgemüse. Gemeiner Queller und Strandflieder waren früher ganz normales Gemüse, zumindest am Meer, heute kann man sie kaum noch bekommen. Wir müssen daher mit Meeresgemüse aus anderen Ländern vorlieb nehmen. Die meisten Arten, die Du im Naturkostladen kaufen kannst, kommen aus Japan, weit entfernt von jeder industriellen Verunreinigung. Im Rezeptteil zeigen wir, wie Du sie verwenden kannst.

Und Du brauchst auch keine Angst vor erhöhtem Blutdruck zu haben, wenn Du Salz in Maßen verwendest. Wenn Du kein Fleisch und keinen Käse mehr ißt, nimmst Du viel weniger Salz auf als Menschen, die „normal" essen.

10) Verwende ausreichend Hitze und Druck bei der Zubereitung

Unsere Vorfahren kochten Tausende von Jahren lang in großen, hohen irdenen Behältern, die mit dem mehr oder weniger spitzen Boden in die Glut des Feuers gestellt wurden. Diese Töpfe mußten allerdings ziemlich groß sein, damit auf einmal das Essen für größere Gruppen von Menschen zubereitet werden konnte. Denn wahrscheinlich waren die Familien früher viel größer als heute. Nun gibt es einige jedem bekannte Gerichte, die gerade dann lecker sind, wenn sie in großen Portionen zugleich zubereitet werden. Solche Gerichte sind Reis, Haferflocken, Erbsen- und Bohnensuppen. Genau: Getreide und Hülsenfrüchte! Und wie kommt das? Dadurch, daß solche Gerichte in Großküchen in solch großen Töpfen gekocht werden, herrscht ganz unten ein geringer Überdruck durch das Gewicht der obenliegenden Masse. Selbst wenn der Deckel abgenommen ist, funktioniert ein solcher Topf noch wie ein Druckkochtopf. Das gleiche kann auch bei unseren Ahnen eine Rolle gespielt haben. Daher benutzen wir in der makrobiotischen Küche von heute den Druckkochtopf, um Getreide und Hülsenfrüchte zu kochen. Immer als Druckkochtopf und nie als Schnellkochtopf. Wir kochen im Druckkochtopf fast ebenso lange wie wir es in einem normalen Topf tun würden, jedoch werden Geschmack und Substanz leckerer. Auf diese Weise werden sowohl Getreide als auch Hülsenfrüchte optimal verwertbar. Für die Zubereitung von Gemüse benutzen wir nie Druck, da man sonst das Gemüse zerkochen könnte.

Unsere Vorfahren kannten keinen Herd mit Zeituhren und keine Märchen über den Vitaminverlust durch zu langes Kochen, und doch wollten sie — genau wie wir auch — gares Essen. Daher kochten sie ihr Getreide und ihre Hülsenfrüchte vielleicht eher zu lang als zu kurz. Nimm das als Ausgangspunkt, es wird weiterhelfen. Wenn Du energiebewußt leben willst, ist das natürlich gut. Doch tue es in erster Linie über die Wahl Deiner Nahrung, indem Du z. B. auf die energieverschlingenden tierischen Produkte wie Milch und Fleisch verzichtest. Iß lieber eine makrobiotische Mahlzeit mit Gemüse. Und zögere nicht, genügend Energie für die Zubereitung der Mahlzeit einzusetzen. Insgesamt brauchst Du dann weniger Energie, als wenn Du z. B. gekochte Getreideflocken mit Käse und Rohkost ißt. Auch die ,,Kochkiste", worin kurz vorgekochtes Getreide noch vier Stunden lang warm bleibt, ist eine Notlösung, die schöner aussieht als sie in Wirklichkeit ist. Die Getreidekörner werden zwar weich, doch das werden sie auch ohne Hitze, wenn Du sie lange genug einweichst. Weich ist jedoch noch lange nicht das gleiche wie gar und verwertbar.

Außerdem können bestimmte Bakterien das kurze Kochen, das der Behandlung in der Kochkiste vorausgeht, überleben und zu einer Sporenbildung führen, die zu gefährlichen Lebensmittelvergiftungen führen kann. Kochkisten sind daher eigentlich nur nach einer Sterilisierung des Inhalts unter Druck und bei 115 bis 120 Grad für eine dreiviertel Stunde zu verwenden. Das ist genau so, wie wir in der Makrobiotik das meiste Getreide kochen. Aber dann brauchen wir die Kiste nicht mehr, weil das Getreide ja inzwischen gar ist. Bei Gemüse sieht es ein bißchen günstiger aus. Merke Dir das Prinzip der Kochkiste lieber für das Camping oder für den Fall, das der Herd einmal ausfällt.

Für das Kochen von Gemüse gibt es noch ganz andere Argumente. Denk in erster Linie daran, daß im Augenblick der Ernte nicht alle Zellen absterben, die meisten leben noch für einige Tage. In dieser Zeit werden auch alle ihre Lebensverrichtungen fortgesetzt. Der Gemüsehandel bezeichnet dies als ,,physiologisches Faulen". Denn da will man alles Gemüse am liebsten in einem Zustand wie kurz nach der Ernte halten. Lebende Pflanzenzellen nehmen in Wasser gelöste Nährstoffe aus ihrer Umgebung auf, zusammen mit dem Wasser. Von außen nach innen. Dadurch leben Pflanzen. Aber die gelösten Nährstoffe innerhalb dieser Zelle können nicht so einfach wieder heraus gelangen. Einmal innerhalb der Zellwand, läßt die lebende Zelle sie nicht wieder heraus. Wenn Du hart auf eine solche Zelle drückst, kommt nur Wasser heraus. Das ist, was geschieht, wenn Du auf ungeschnittenem, rohem Gemüse kaust. Du hast zwar Wasser im Mund, aber fast keine Zellinhaltsstoffe, um die es in der Ernährung ja gerade geht. Zellinhaltsstoff erhalten wir, indem wir die Zellwand beschädigen, durch Zerschneiden, Kauen oder Kochen, wenn auch nur sehr kurz. Aber selbst wenn Du Deine Rohkost noch so fein schneidest, Du öffnest immer nur einen kleinen Teil der Zellen. Und auch wenn Du noch so gut kaust, Du zerkaust nur einige wenige Zellen. Der Rest verläßt Deinen Körper ungenutzt, ohne den Inhalt der Verdauung preiszugeben. Nur durch Kochen werden alle Zellen auf einmal getötet, und Du kannst auch den Inhalt der Zellen aufnehmen.

In zweiter Linie ist bei Rohkost, gerade aus biologischem Anbau, die Gefahr von Darmparasiten wie Spulwürmern sehr groß. Bei uns sind solche Spulwürmer gar nicht so selten. Sie sind Anlaß für allerlei Beschwerden wie Darmkrämpfe, Übelkeit und Durchfall. Durch Kochen, auch wenn es nur sehr kurz ist, werden deren Eier abgetötet. Das alles soll natürlich nicht heißen, daß nie mehr etwas roh gegessen werden soll in der makrobiotischen Küche, denn Du selbst bestimmst das. Wir raten Dir nur, nicht der Rohkostmode unserer Zeit zu verfallen. Du kennst ja jetzt genügend Gegenargumente. Das einzige, was dafür spricht, ist der Geschmack. Das kann ein sehr guter Grund dafür sein, z. B. im Sommer doch einmal Rohkost zu essen.

Gleichgewicht

Oft wird über komplette und ausgewogene Ernährung gesprochen. Was heißt denn das genau? Was „komplett" heißt, ist klar: Alles das, was der Körper braucht, ist vorhanden. Was das genau ist, behandeln wir im nächsten Kapitel. Der Begriff „ausgewogene Ernährung" ist wesentlich weniger klar. Aber in der Makrobiotik gibt es diese Klarheit.

Durch Beachtung von Aspekten wie Struktur, Wachsrichtung, Form, Temperatur, Farbe, Wirkung usw. der verschiedenen Nahrungsmittel wird bestimmt, ob ein Nahrungsmittel insgesamt mehr oder weniger ausgedehnt oder kompakt ist als ein anderes. Immer werden Vergleiche gezogen, relative Beurteilungen also. Niemals wird etwas im absoluten Sinne betrachtet. So ist das Laub der Karotte natürlich ausgedehnter als die Karotte selber. Weiterhin wächst das Laub in einer Richtung fort vom Zentrum der Erde und die Karotte darauf zu. Auch in dieser Hinsicht wird das Laub der Karotte durch Ausdehnung bestimmt und die Karotte selbst durch Zusammenziehen. Chinakohl ist ausgedehnter und wächst mehr vom Zentrum der Erde fort als ein Weißkohl. Ein rundes Reiskorn ist stärker zusammengezogen als ein langes. Bei Temperatur und Farbe mußt Du an Dein Wärmeempfinden „kaltblau" und „rotglühend" denken. Hitze hat als direkte Folge das Austrocknen und Zusammenziehen der Nahrung, aber auch das Aktivieren der verschiedenen biologischen Prozesse. Für Kälte gilt genau das Gegenteil. Daher gehören Rot, aktiver und heißer zu zusammengezogen. Blau, passiver und kälter dagegen gehören zu ausgedehnt. Zwischen Rot und Blau liegt das ganze Farbspektrum, mit dem Du anhand der Farbe von etwas in etwa beurteilen kannst, ob es ausgedehnter oder zusammengezogener ist.

Oft führt Dich das schon weiter, auch wenn es Ausnahmen gibt (z. B. Tomaten). Im Regenbogen liegt Orange näher beim Rot und Grün näher bei Blau. Auch in dieser Hinsicht ist die Karotte stärker zusammengezogen und ihr Laub stärker ausgedehnt. Kochen und Backen lassen Nahrung schrumpfen, also stärker zusammenziehen. Einweichen dagegen läßt Nahrung aufschwellen und macht sie so ausgedehnter. Was die Wirkung der Nahrung angeht, so hast Du schon vom geisterweiternden, ausdehnenden, Effekt von Alkohol und Drogen gehört. Andere Nahrungsmittel, wie Salz, machen gespannter und mehr zusammengezogen.

Das Wichtigste an dieser Einteilung in ausgedehnte und zusammengezogene Nahrungsmittel ist die Erfahrung, daß ausgedehnte Nahrungsmittel Dich im allgemeinen mehr entspannen, passiv, weniger entschlossen machen. Zusammengezogene Nahrungsmittel dagegen machen Dich gespannter, aktiver, entschlossener usw. Mit etwas gesundem Menschenverstand kannst Du Dich selbst damit „steuern". Es sollte klar sein, daß es nicht gut ist, zu viele ausgedehnte Nahrungsmittel zu verzehren, aber auch zu viele zusammengezogene Nahrungsmittel sind nicht gut. Die Wahrheit liegt — wie immer — in der Mitte. In diesem Fall ist von ausgewogener Ernährung die Rede.

Eine zweite wichtige Erfahrung, die jeder machen kann, ist die, daß der Körper selbst ausgleicht. Ausgedehnt und zusammengezogen gehören nämlich unweigerlich zusammen. Sie ziehen einander also an. Für Deinen Körper heißt das, daß Du nach dem Genuß sehr stark zusammengezogener Nahrungsmittel (z. B. herzhaft und gebacken oder gebraten) Durst bekommst, damit eine Ausdehnung stattfindet.

In einer guten makrobiotischen Ernährung vermeiden wir die Extreme. Wenn Du sie auf der einen Seite bewußt wegläßt, hat der Körper auf der anderen Seite kein Bedürfnis mehr danach. Daher hast Du von alleine weniger Durst nach einem makrobiotischen Essen ohne Gebratenes und salzigen Käse. Es wird sich zeigen, daß die Extreme, die wir in der Makrobiotik fortlassen, vor allem genau diejenigen Produkte sind, die wir in den vorausgegangenen Kapiteln als unnatürlich kennengelernt haben. Dich so natürlich wie möglich zu ernähren, heißt schon an sich, die Mitte zwischen ausgedehnt und zusammengezogen finden.

Wir können jetzt eine sehr grobe Einteilung unserer diversen Nahrungsmittel aufzustellen versuchen.

1) Tierische Nahrung

Tierische Nahrung ist zusammengezogene Nahrung, da Tiere zusammengezogene und umgeformte pflanzliche Nahrung sind. Pflanzen sind in einem Tier konzentriert und haben dessen Körper gebildet. Es sind etwa zehn Einheiten pflanzliches Eiweiß nötig, um daraus über ein Tier eine Einheit tierisches Eiweiß zu gewinnen. Innerhalb der Gruppe tierischer Produkte kannst Du eine feinere Unterteilung vornehmen: So ist rotes Fleisch zusammengezogener als Geflügel, Fisch oder Milchprodukte. Lerne diese Dinge nicht auswendig, sondern versuche es selbst immer

41

auf Grund des vorher Gesagten zu begründen. Auch innerhalb der Milchprodukte kannst Du Unterteilungen vornehmen. Da man für die Gewinnung von einem Kilo Butter oder Käse viele Liter Milch benötigt, sind Butter und Käse zusammengezogener als Milch.

2) Pflanzliche Nahrung

Bei den pflanzlichen Nahrungsmitteln sind die kleineren, härteren, langsamer wachsenden und eher unterirdisch in die Tiefe wachsenden stärker zusammengezogen. Die größeren, saftigeren, üppigeren, rascher wachsenden, unterirdisch stärker horizontal wachsenden oder eher oberirdisch wachsenden Pflanzen mehr ausgedehnt. Früchte sind stärker ausgedehnt als Gemüse. Sie sind der saftigste Teil der Pflanze und wachsen oft oben auf den Pflanzen.

Die meisten Nahrungsmittel, die wir für unsere natürliche Küche beurteilen müssen, fallen unter diese ersten beiden Gruppen. Insbesondere all das lebende Material, sowohl pflanzliches als auch tierisches wie Honig und Milchprodukte. Aber auch die tote Natur, die wir beim Kochen verwenden, können wir noch einteilen.

3) Mineralien

Mineralien sind Stoffe, die aus der Erde stammen. Sie verfügen über keine komplizierten, ausgedehnten Strukturen und sie kommen meist in zusammengezogener Form wie Kristallen vor. Auch daher sind die meisten Mineralien sehr zusammengezogen, z. B. Kochsalz. Salz zieht besonders Wasser an und möchte sich sehr gerne ausdehnen, also „anschwellen". (Wenn Salz kein Wasser anzieht, ist es ein besonderes, auf unnatürliche Art behandeltes Produkt, und daher kein gutes Salz!)

4) Produkte aus Pflanzen

Aus bestimmten Pflanzen oder deren Teilen werden Säfte, Auszüge, Destillate oder Öle gewonnen, die häufig noch weiter raffiniert und verarbeitet werden, bis sie eine bestimmte gewünschte Substanz ergeben, z. B. auch die Kristallform. Beispiele für solche pflanzliche Produkte sind Zucker, Sirup, Öl, Tee, Kaffee, Schokolade, Wein, Bier, starke Getränke, Drogen usw. Sie werden fast immer aus den besonders ausgedehnten Teilen der Pflanze (der Früchte oder der Blätter) oder aus an sich sehr ausgedehnten Pflanzen (Zuckerrüben) gewonnen. Die auf diese Weise gewonnen Stoffe haben eine von der Pflanze selbst aufgebaute komplizierte Struktur, selbst wenn das Endprodukt vielleicht auch die zusammengezogene Kristallform hat, wie der Zucker. Außerdem haben sie langfristig alle einen vergleichbaren Einfluß auf unseren Körper und unser Verhalten. Sie wirken alle erweiternd, erschlaffend, also ausgedehnt. Beachte, alle diese Produkte sind natürlich keine vollwertigen Nahrungsmittel mehr. Sie vertreten nur noch einen sehr kleinen Teil der Pflanzen, aus denen sie gewonnen wurden. Der Rest ist „Abfall" und wird nicht für die menschliche Ernährung verwendet.

Derartige Einteilungen sind natürlich immer noch weiter auszuarbeiten, je mehr Aspekte man bei der Beurteilung heranzieht. Aber dann wird es schon bald „höhere Makrobiotik" und Du kommst in der Praxis gar nicht mehr so gut damit zurecht. Für Liebhaber nennen wir anschließend in einer Tabelle Kriterien, die als Basis für Beurteilungen dienen können. Allein dieses Thema könnte ein ganzes Buch füllen. Aber solch ein Buch brauchen wir nicht. Allein durch Deinen Verstand kannst Du alles, was Du in Deiner Küche brauchst, selbst verstehen und aus dem Vorausgegangenen ableiten.

Diese Einteilungen dienen als Beispiel. Sie sind nicht starr und absolut. In der Praxis können wir auf verschiedene Weisen ausgleichen:

— Produkte, die ausgedehnt sind, kochen, so daß sie sich zusammenziehen;

— Produkte, die hart und trocken sind, einweichen, so daß sie sich ausdehnen;

— in warmen Jahreszeiten und in warmen Gegenden vor allem die eher ausgedehnten Produkte verwenden und umgekehrt (das ist übrigens genau das, was die Natur uns dort und mit unseren Jahreszeiten anbietet);

— ausgedehntere Nahrungsmittel in einer Mahlzeit dadurch kompensieren, daß Du auch etwas verwendest, das eher zusammengezogen ist.

Die Begriffe ausgedehnt und zusammengezogen werden in der Praxis nur selten gebraucht. Viel häufiger hörst Du die aus dem Chinesischen stammenden Begriffe yin und yang, die die gleiche Bedeutung haben: yin (Symbol ▽) heißt ausgedehnt und yang (Symbol △) zusammengezogen. Yin und yang sind bereits seit vielen Jahren in unsere Sprache eingebürgert und weisen auf nichts anderes hin als auf die oben beschriebenen und für jeden gut wahrnehmbaren Eigenschaften der Natur um Dich herum. Es haftet ihnen nichts Mystisches, Okkultes oder Unbegreifliches an. Auf dem begrenzten Raum dieses Buches werden wir das noch im Zusammenhang mit den Rezepten an vielen Beispielen zeigen.

Kriterium	Ausgedehnt, yin	Zusammengezogen, yang
Abmessung	größer	kleiner
Wachsrichtung		
oberirdisch	nach oben	flach auf der Erde
unterirdisch	gerade unter der Oberfläche	nach unten
Wachstumsgeschwindigkeit	schneller	langsamer
Substanz	weicher	härter
	flüssig	fest
Feuchtigkeitsgrad	saftiger	trockener
Geschmack	scharf gewürzt — sauer — fruchtsüß — getreidesüß — salzig — bitter	
Herkunft aus ... (Klima)	tropisch, wärmer	polar, kälter
Herkunft aus ... (Jahreszeit)	wärmer	kälter
Zubereitungsweise	roh — blanchieren — dünsten — kochen — dämpfen — schmoren — bräunen — backen — frittieren	
Farbe	ultraviolett — violett — blau — grün — gelb — orange — rot — infrarot	

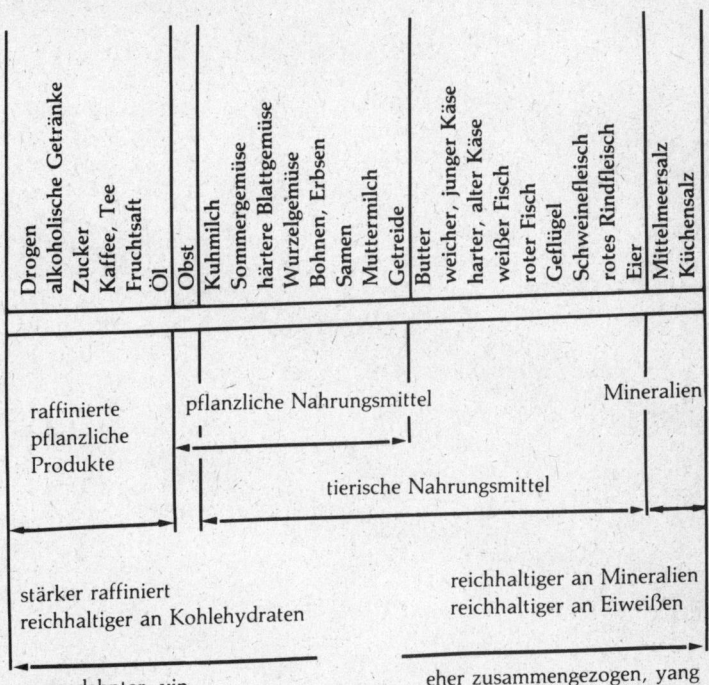

Drogen
alkoholische Getränke
Zucker
Kaffee, Tee
Fruchtsaft
Öl

Obst

Kuhmilch
Sommergemüse
härtere Blattgemüse
Wurzelgemüse
Bohnen, Erbsen
Samen
Muttermilch
Getreide

Butter
weicher, junger Käse
harter, alter Käse
weißer Fisch
roter Fisch
Geflügel
Schweinefleisch
rotes Rindfleisch
Eier

Mittelmeersalz
Küchensalz

raffinierte
pflanzliche
Produkte

pflanzliche Nahrungsmittel

Mineralien

tierische Nahrungsmittel

stärker raffiniert
reichhaltiger an Kohlehydraten

reichhaltiger an Mineralien
reichhaltiger an Eiweißen

ausgedehnter, yin

eher zusammengezogen, yang

Ein Stückchen Ernährungslehre

Wenn Dir dieses Kapitel ein bißchen zu theoretisch erscheint, kannst Du es ruhig überschlagen. Du kannst sehr gut makrobiotisch kochen, ohne alle die folgenden Informationen parat zu haben. Dieses Kapitel ist eher für Leser bestimmt, die befürchten, daß ihr Körper in der Makrobiotik zu kurz kommt.

Die moderne Ernährungslehre hat sich etwa seit Anfang dieses Jahrhunderts entwickelt. Seit jener Zeit wissen wir, daß bestimmte Bestandteile der verschiedenen Nahrungsmittel einfach unverzichtbar sind. Sie sind für den Aufbau und die Lebensverrichtungen des Körpers notwendig. Wir nennen solche Bestandteile Nährstoffe. Das sind z. B. Kohlehydrate, Fette, Eiweisse, Mineralstoffe und Vitamine. Manche dieser Nährstoffe kann der Körper selbst aus etwas anderem produzieren, das er aufgenommen hat. So haben wir schon die Fette genannt, die der Körper selbst aus nicht benötigten Kohlehydraten und Eiweissen gewinnt. Ein anderes Beispiel ist Vitamin D, das durch Einfluß von Sonnenlicht in Deiner Haut entsteht. Andere Nährstoffe produziert der Körper zu wenig oder überhaupt nicht, und dennoch kann er nicht auf sie verzichten. Sie werden als essentielle Nährstoffe bezeichnet. Sie müssen in ausreichenden Mengen in der Nahrung vorhanden sein, sonst bekommst Du eine Mangelkrankheit oder Schlimmeres. Die moderne Ernährungslehre beschäftigt sich zentral mit der Bestimmung der minimalen Mengen dieser essentiellen Stoffe, wie sie in der Nahrung vorhanden sein müssen. Die Mengen hängen von Geschlecht, Alter, Kondition, von der Art der Arbeit, die Du ausübst usw. ab.

Nach den Ergebnissen dieser Untersuchungen werden Ernährungstips zusammengestellt, die sehr typisch für diese Wissenschaft sind. Aus panischer Angst vor Mangel heutzutage wird nämlich häufig nur eine Untergrenze angegeben und nur selten auch eine Obergrenze. Über ein mögliches Zuviel von etwas, das so auch schädlich sein könnte, schweigt sich die offizielle Ernährungslehre aus. Und dennoch gewinnt auch in der wissenschaftlichen Welt mehr und mehr die Einsicht an Boden, daß unsere modernen Wohlstandskrankheiten gerade durch dieses Zuviel verursacht werden.

Kurz und gut, wenn Du wissen willst, ob Deine Ernährung die Versor-

gung mit allen essentiellen Nährstoffen garantiert, mußt Du eine sogenannte Nährstofftabelle zu Hilfe nehmen. In solch einer Tabelle findest
Du z. B. den Hinweis, daß in unserem Rosenkohl nach dem Kochen
noch 100 mg Vitamin C enthalten sind und in einer Apfelsine 50 mg.

Solche Werte vergleichst Du dann miteinander oder mit der Norm.
Aber welche Norm nimmst Du, denn die Werte sind in den verschiedenen Untersuchungen unterschiedlich?

Viele Nahrungsmittel, die in der makrobiotischen Küche verwendet
werden, stehen leider gar nicht in den Tabellen. Glücklicherweise finden
sie sich aber in dem *Buch der Makrobiotik* von Michio Kushi

Und wo befinden sich die verschiedenen Nährstoffe in der makrobiotischen Nahrung? Die Kohlehydrate findest Du in Getreide und in Hülsenfrüchten. In geringerer Menge sind sie auch in Gemüse enthalten. Bei
Kohlehydraten darfst Du übrigens nicht nur an Stärkemehl und die verschiedenen Arten von Zucker denken, sondern mußt auch die unver-
daulichen Fasern in Betracht ziehen. Ausreichende Mengen an Fasern als
wasserabsorbierender Ballaststoff sind für einen guten Stuhlgang von
größter Bedeutung. Fasern sind in Getreide, in Hülsenfrüchten und in
Gemüse enthalten. Es ist inzwischen eine bewiesene Tatsache, daß Fasern aus ganzem Getreide wichtiger sind als die anderen Arten. Fette finden sich in Getreide, in Hülsenfrüchten und in Samen, sowie in den daraus bereiteten Ölen. Darüber hinaus sind sie — wenn auch in geringeren
Mengen — in manchen Gemüsen enthalten.

Getreide und Hülsenfrüchte sind die wichtigsten Eiweißlieferanten.
Durch Kombinieren der Eiweiße von Getreide mit denen von Hülsen-
früchten erhält man Eiweiß von ebensolcher Qualität wie bei Fleisch.
Samen lassen sich in dieser Hinsicht mit Hülsenfrüchten vergleichen.

Mineralstoffe werden in großen Mengen von der äußeren Schicht
ganzer Getreidekörner geliefert. Es ist genau die Schicht, die beim Schälen des braunen Reis zum weißen Reis und beim Sieben von Vollkornmehl zu weißem Mehl verloren geht und im Viehfutter landet. Auch
Meeresalgen sowie Meersalz sind wichtige Mineralstoff-Lieferanten.

Es gibt viele verschiedene Arten von Vitaminen. Vitamin A findest
Du in grünen, gelben und orangen Pflanzenteilen. Die Vitamine der
Gruppe B finden sich in der äußeren Schicht der Getreidekörner. Eine
Ausnahme stellt das Vitamin B12 dar, das man wiederum in den noch zu
behandelnden und von uns sehr empfohlenen Fermentationsprodukten
wie Miso und Tempeh sowie in manchen Meeresalgen findet. Vitamin C

findet man in den meisten Gemüsen, das gleiche gilt für Folsäure. Die übrigen Vitamine spielen in der üblichen Ernährungsberatung keine Rolle. Wir werden sie daher auch nicht behandeln. Sie sind jedoch im makrobiotischen Menü ebenfalls in ausreichendem Maß vorhanden.

Noch eine wichtige Bemerkung zu Vitaminen. Oft hörst Du über deren ,,Tod" beim Kochen. Da alle Vitamine ungeachtet des Namens nichts anderes als ein toter Stoff sind, können sie natürlich nicht ,,getötet" werden. Allerdings können manche von ihnen zerfallen und sich bei ungeeigneter Form der Aufbewahrung, Zerkleinerung und Zubereitung auflösen. Das gilt insbesondere für Vitamin C und Folsäure, sowie in geringerem Maße für Vitamin B1. Über die anderen Vitamine brauchen wir uns in diesem Punkt keine Sorgen zu machen. Vitamin B1 ist so reichlich in ganzen Körnern vorhanden, daß die Versorgung damit auch bei einem eventuellen Verlust noch nicht gefährdet ist. Auflösung von Vitamin C und Folsäure gibt es nur beim Aufwärmen und zwar besonders bei einer Temperatur um 50 Grad. Bei höheren Temperaturen passiert nichts, da dann nämlich die für die Auflösung verantwortlichen Enzyme selbst zerlegt werden. Du tust also gut daran, Dein Gemüse immer möglichst schnell zu erhitzen. Darauf gehen wir bei den verschiedenen Arten der Gemüsezubereitung noch ein. Wenn Du die Reihenfolge der Nahrungsmittel aus dem Diagramm auf Seite 45 ansiehst, siehst Du, daß auf der rechten Seite (bei den eher zusammengezogenen Nahrungsmitteln) mehr Eiweisse und/oder mehr Mineralstoffe zu finden sind. Auf der linken Seite dagegen finden wir eher Produkte, die reich an Kohlehydrate sind. Du kannst also sogar so weit gehen, daß Du je Nahrungsmittel das Verhältnis Eiweiß:Kohlehydrate ausrechnest. Für Getreide erhältst Du dann den Wert 1:7, etwa genauso wie bei Muttermilch.

In Informationen über Nahrungsmittel wird häufig noch mit der Anzahl der Kalorien (oder Joules), der Menge der Energie, gewunken, die ein bestimmtes Nahrungsmittel enthält. In diesem Fall geht es dann tatsächlich meist um zu viel. Viele Menschen versuchen fortwährend, weniger kalorienreiche Produkte zu verwenden. Ohne dem viel Aufmerksamkeit zu schenken, wollen wir lediglich feststellen, daß Du mit dem makrobiotischen Menü keine Angst vor Kalorienüberschuß haben mußt. Vor zu wenig Kalorien übrigens auch nicht. Wenn Du nur immer auf die ,,Stimme Deines Körpers" hörst. Hältst Du Dich dabei an die Richtlinien des folgenden Kapitels, sowie an die richtigen Zubereitungstechniken, so kommt es auch zu keinem Mangel an Nährstoffen.

Es gibt gelegentlich Kritik an makrobiotischer Ernährung, doch besteht diese meist aus sinnlosem Geschrei von Leuten, die nicht wissen, was Makrobiotik eigentlich ist. Noch niemals hat jemand wirklich konkret nachweisen können, was in makrobiotischer Ernährung fehlen sollte. Solche Kritik wäre übrigens auch unangebracht angesichts einer großen Gruppe offensichtlich sehr gesunder Menschen, die sich makrobiotisch ernähren!

Die empfohlene Ernährung

Nach allem, was wir bisher gesagt haben, können wir nun konkret einige praktische Richtlinien für die bestmögliche Ernährung aufstellen. Richtlinien, die sich nicht in den abstrakten Begriffen der modernen Ernährungslehre erschöpfen, die in der Praxis nicht brauchbar sind, sondern Richtlinien, die Du berücksichtigen kannst, wenn Du Dein fertig gekochtes Essen auf den Teller nimmst. Denn wie wir im vorigen Kapitel gesehen haben, ist mit einer guten makrobiotischen Mahlzeit von alleine den Anforderungen der modernen Ernährungslehre Genüge getan.

Wenn wir im folgenden von Prozent sprechen, meinen wir Volumenprozent gekochter Nahrung: Nachdem Du Dir davon auf den Teller genommen hast, soll dieser genauso aussehen wie auf der Abbildung. Denke daran, daß die folgenden Richtlinien genau genommen für alle Mahlzeiten gelten, die Du an einem Tag einnimmst, seien es nun zwei oder drei. Du kannst höchstens Dein Frühstück ein bißchen dadurch vereinfachen, daß Du nur Getreidebrei ißt. Wir werden bei den entsprechenden Rezepten immer eine Reihe von Beispielen anführen. Übrigens ist nichts dagegen einzuwenden, überhaupt nicht zu frühstücken, wenn Du Dich dabei wohl fühlst. Frühstücken ist in der Tat „voressen", wenn Du noch nichts geleistet hast. Du kannst sehr gut bis Mittag mit dem Essen warten, bis Du eine gewisse „Leistung" erbracht hast.

Die makrobiotischen Standardrichtlinien, die wir empfehlen, sind:

1) Etwa 5 % der täglichen Nahrungsmenge soll Suppe sein, die vorzugsweise mit Miso, Tamari oder Shoyu abgeschmeckt wird.*

Darüber hinaus soll die Suppe verschiedene Gemüse, Meeresalgen und gelegentlich auch Getreide und Hülsenfrüchte enthalten. Je abwechslungsreicher je besser.

2) Wenigstens 50 % jeder Mahlzeit sollen aus ganzen Getreidekörnern und deren Produkten bestehen, die unterschiedlich zubereitet werden. Das ist also die Grundlage der Ernährung.

---

*Miso, Tamari und Shoyu sind Produkte eines (jahre)langen Fermentationsprozesses auf der Basis von Sojabohnen, ganzem Getreide (meist) und Salz. Im Zusammenhang mit dem Vorrat und den Rezepten kommen wir darauf noch ausführlich zurück.

3) Ca. 10 % der täglichen Nahrungsmenge sollen aus Hülsenfrüchten oder deren Produkten oder aus Samen bestehen. Das heißt also, nur eine kleine Portion auf jedem Teller, und natürlich ist das etwas ganz anderes als die Hülsenfrüchte, die man früher als einziges Gemüse auf einem Teller hatte oder gar die reine Bohnenmahlzeit. Das war wieder einmal zu viel des Guten.

4) Ca. 20 bis 30 % einer jeden Mahlzeit sollten aus Gemüse bestehen. Diese sollten so weit wie möglich aus dem örtlichen Anbau stammen, sowie aus der jeweiligen Jahreszeit. Außerdem können Gemüse verwendet werden, die auf natürliche Art aufbewahrt wurden. Bediene Dich möglichst vieler verschiedener Zubereitungsarten, wie wir sie bei den Gemüserezepten behandeln.

5) Einige Prozent der täglichen Nahrungsmenge sollen aus Meeresalgen bestehen. In der Praxis kochst Du sie mit den Hülsenfrüchten zusammen und außerdem gibst Du sie in die Suppe. Aber gelegentlich kannst Du auch eine Beilage auf der Grundlage von Meeresalgen machen.

6) Verwende traditionelle Getränke wie Tee oder Kaffee-Ersatz, die keiner künstlichen Bearbeitung unterzogen wurden. Nimm vor allem Sorten ohne starke aromatische Düfte oder stimulierende Wirkungen. Gute Sorten aus dem Naturkosthandel sind z. B. Dreijahrestee, Mutee, sowie die verschiedenen Getreidetees und -kaffees. Bei warmem Wetter kannst Du auch ein bißchen Fruchtsaft trinken.

Die Mahlzeiten nach diesen Standardrichtlinien kannst Du von Zeit zu Zeit um folgendes ergänzen:

1) Eine kleine Menge weißen Fisches oder Schalentiere, vor allem für diejenigen, die körperlich schwer arbeiten müssen. Das ist nun eine typische Ergänzung der Mahlzeiten, die man nicht zu Hause vornimmt, sondern, wenn man woanders ißt. Nimm dann eine kleine Menge, z. B. nicht mehr als 15 % der gesamten Mahlzeit. Wähle nicht immer die gleiche Zubereitungsart, sondern versuche es mit Abwechslung.

2) Etwa ein- oder zweimal die Woche ein Dessert, z. B. aus gekochten Früchten. Verwende dafür möglichst einheimische Saisonfrüchte.

3) Als kleinen Imbiß zwischendurch ein wenig geröstete Samen oder Nüsse, leicht mit Meersalz, Tamari oder Shoyu gesalzen oder einige getrocknete Früchte. Bleibe vor allem maßvoll. Korinthen, Rosinen und Nüsse zu essen ist wirklich nicht natürlich!

Ernährungskundlich betrachtet entspricht die Ernährung nach diesen Richtlinien, ausgedrückt in Energieprozenten, folgendem:
(Zahlen vom Kushi Institute, Boston (USA)

$\pm$ 75 % Kohlehydrate (einschließlich von immer noch ca. 2 % Zucker, die sich einfach nicht vermeiden lassen);
$\pm$ 11 % Eiweiß;
$\pm$ 14 % Fett (wovon etwa 2 % gesättigt sind, 7 % einfach und 5 % mehrfach ungesättigt).

Drei alternative Ernährungsweisen

In Deinem Naturkostladen erhältst Du durch Gespräche, Schriften und dort angebotene Kurse zahlreiche Informationen über Fragen der Ernährung. Sobald Du Dich in diese Informationen vertiefst, wirst Du sehen, daß es drei Arten von anderem (,,alternativem") Essen gibt, die sehr unterschiedlich zu sein scheinen, obwohl jede für sich beansprucht, natürlicher zu sein. Diese drei Hauptströmungen sind die *ökologisch vegetarische*, die *anthroposophische* und die *makrobiotische* Richtung.

Ökologisch vegetarische Ernährung

In den vielen Strömungen innerhalb des Vegetarismus wird nichts von einem getöteten Tier verwendet. Das jedenfalls ist der Ausgangspunkt. Eier und Milchprodukte werden meist gegessen, also oft auch Käse. Dabei haben wir gesehen, daß dieser Käse immer noch mit einem Enzym aus dem Magen geschlachteter Kälber bereitet wird. Daneben ißt man meist schon etwas mehr Getreideprodukte, häufig in Form von Flocken und Mehl.

Es werden oft verschiedene Gründe für den Vegetarismus angeführt. Außer dem Gesundheitsargument gibt es moralische Einwände gegen das Töten von Tieren, aber auch gegen die Rohstoffverschwendung sowie das Leid der Tiere in der modernen Viehhaltung. Der ökologische Aspekt der Ernährung kommt vor allem in dem Prinzip zum Ausdruck, daß man sich ausschließlich aus Energieersparnis auf Produkte aus der eigenen direkten Umgebung und der gerade herrschenden Jahreszeit beschränkt. Weiterhin spielt auch die möglichst starke Reduzierung des Energieverbrauchs in der Küche häufig eine erhebliche Rolle. Von dieser Richtung wird also die Kochkiste sehr empfohlen. Schließlich strebt man möglichst nach kleinem Maßstab, sowohl beim Anbau als auch bei der Verarbeitung der verschiedenen Nahrungsmittel. Werden alle diese Punkte bis zu einem gewissen Grade erfüllt, erhält das Nahrungsmittel das Etikett ,,ökologisch".

Es wird also von mehr oder weniger voneinander losgelösten Ausgangspunkten ausgegangen und es ist keine Rede von einer alles umfassenden, zusammenhängenden Sichtweise. Dadurch gibt es leider häufig

Meinungsverschiedenheiten in dieser Strömung und Dir begegnen oft Einflüsse aus den beiden nächsten Strömungen, die sehr wohl eine solche zusammenhängende Sichtweise haben. Insbesondere der Einfluß der Makrobiotik ist groß. Dennoch wird gerade die Makrobiotik in Wort und Schrift häufig verurteilt und abgelehnt.

Anthroposophische Ernährung

Die Anthroposophie ist eine Weltanschauung, die zu Anfang dieses Jahrhunderts von Rudolf Steiner entwickelt wurde. Die Anthroposophie bezeichnet sich als eine Vereinigung westlichen naturwissenschaftlichen Denkens mit dem östlichen Weltbild der Theosophie und dem Christentum. Hinter allen natürlichen Erscheinungen wird eine „geistige" Wirklichkeit gesehen. Dadurch unterscheidet sich die Anthroposophie vom atheistischen Weltbild der modernen Naturwissenschaft. Steiner ging von den Geisteswissenschaften aus. Danach arbeitete er mit vielen Menschen auf zahlreichen Gebieten, deren bekannteste der biologisch-dynamische Landbau und der anthroposophische Unterricht in den Waldorf-Schulen sind. Eine klar erkennbare eigene Ernährungslehre hat die Anthroposophie nicht. Ernährung als solche stand nie sonderlich im Blickfeld. Sie erfolgt aus der Geisteshaltung der Lehre Steiners heraus. In der Praxis ist es daher möglich, daß strenge Verfechter der Steinerschen Waldorf-Schulen zu Hause ganz normale Kost zu sich nehmen. Aber dennoch ziehen die meisten Anthroposophen wahrscheinlich die Produkte aus dem biologisch-dynamischen Landbau vor. Heute liegt dabei der Akzent immer mehr auf Milchprodukten. Aber da auch biologisch-dynamische Kühe ökonomisch gesehen einmal schlachtreif sind, findet man immer mehr Fleisch in den anthroposophischen Läden. Schließlich haben auch viele ursprünglich makrobiotische Produkte ihren Weg in die anthroposophische Küche gefunden. Auch in diesem Fall übrigens oftmals unter Protest, der sich besonders gegen die verschiedenen auf Sojabohnen basierenden Produkte richtet.

Makrobiotische Ernährung

Den alles umfassenden Ausgangspunkt der Makrobiotik, als Menschen dieser Zeit individuell in Harmonie mit der Natur zu leben, haben wir schon erwähnt. Auf welche Weise dieser Ausgangspunkt Anlaß zu einer Ernährung auf der Grundlage von Getreide, Hülsenfrüchten oder Samen, von Gemüse und Fermentationsprodukten ist, haben wir ebenfalls ausführlich beschrieben. Das makrobiotische Streben nach Nahrungsmitteln aus der eigenen Klimazone und aus der jeweiligen Jahreszeit scheint in der Praxis dem Prinzip der Ökologen zu gleichen. Der Unterschied ist die viel ausführlichere Argumentation der Makrobiotik. Aber in der Makrobiotik und auch in diesem Buch werden zahlreiche Produkte aus der eigenen Klimazone verwendet, die jedoch nicht von hier sind, sondern aus einer weit entfernten Gegend stammen. Wir haben bereits erwähnt, welche Verbindung hierbei zu der Unnatürlichkeit unserer Landwirtschaft besteht.

Betrachte solche Produkte als eine Art zeitweise Entwicklungshilfe für uns und erfahre die Wirkung am eigenen Leibe. Sie werden nur solange verwendet, bis wir im Laufe der kommenden Jahre allmählich guten Ersatz aus der Nähe bekommen können. Das ist allerdings kein Prozeß, der von heute auf morgen stattfinden wird. Insgesamt sind sich Makrobioten und Ökologen in diesem Punkt also sehr ähnlich. Die Makrobiotik ist aus Ländern zu uns gekommen, in denen man traditioneller und stärker mit der Natur verbunden lebte als bei uns. Vieles davon ist zum ersten Mal im Japan der Jahrhundertwende in Worte gefaßt geworden. Von hier ausgehend, begannen Ishitsuka Sagen, George Ohsawa, Michio Kushi und viele andere in Wort und Schrift zunächst mit der Verbreitung der makrobiotischen Prinzipien und später vor allem der makrobiotischen Medizin über die ganze Welt. Es ist daher auch nicht verwunderlich, wenn (noch) eine ganze Reihe japanischer Einflüsse in der makrobiotischen Küche spürbar sind.

In der Anthroposophie war man in den vergangenen Jahren auf zahlreichen Gebieten wie der Landwirtschaft, dem Unterrichtswesen und der Medizin aktiv. In der Makrobiotik dagegen lag der Akzent beinahe völlig auf der Heilung vor allem chronischer Leiden von der Ernährung her. Damit wurden offensichtlich gute Ergebnisse erzielt, die allmählich auch publik wurden. Die Folge war jedoch, daß wichtige andere Dinge notgedrungen liegen blieben (z. B. die Umsetzung der eigenen Sichtweise auf dem Gebiet des Landbaus, der Ökonomie und des Unterrichtswesens).

Die Makrobiotik hat seit einigen Jahren auch in Europa Einfluß gewonnen und Veränderungen in der Haltung zur Ernährung bewirkt. Das stellt man vor allem an den Produkten sowohl in Naturkost- als auch in normalen Geschäften, Bäckereien usw. fest, die ursprünglich von der makrobiotischen Bewegung (wieder) eingeführt wurden. Beispiele sind: Gebäck ohne Zucker oder Honig, Meersalz, brauner Reis, Tahin, Adukibohnen, Tofu, Seitan, Miso, Tamari, Shoyu, Gomasio, verschiedene Meeresalgen und Hokkaido-Kürbis. Die meisten dieser Nahrungsmittel kommen im Rezeptteil ausführlich zur Sprache.

Die Küchenausrüstung

Ganz bestimmt brauchst Du keine computergesteuerte hypermoderne Küche, um Dir eine gute, natürliche und ausgewogene Mahlzeit zuzubereiten. Selbst für jemanden, der mit wenig Geld alleine wohnt, gibt es glücklicherweise noch genügend Möglichkeiten. Dennoch spielt die Ausrüstung der Küche eine wichtige Rolle. Für unsere Art zu kochen, empfehlen wir die folgenden Gerätschaften:

a) Einen Gaskocher mit möglichst zwei Flammen oder — besser — einen Gasherd mit einem Backofen. Kochen mit Gas hat erhebliche Vorteile gegenüber elektrischem Kochen: Zunächst ist der Energieverbrauch beim elektrischen Kochen höher, zumal Gas preiswerter ist, zweitens kocht Gas viel direkter, wodurch Du die Zubereitung besser verfolgen kannst. Das Gericht reagiert sogleich auf eine Drehung des Knopfes.

b) Einen Druckkochtopf, der ungefähr drei Liter faßt. In diesem Topf kannst Du Getreide und Hülsenfrüchte zugleich kochen, das spart Gas. Außerdem brauchst Du eine Flamme weniger und kommst so mit zwei Flammen gut aus. Um so arbeiten zu können, brauchst Du wenigstens einen ungelochten Einsatz. Das Getreide kommt dann auf den Boden des Topfes und der Einsatz mit den Hülsenfrüchten über das Getreide auf einen Dreifuß. Wenn Du genügend Flammen hast, oder nur wenig ißt, dann kannst Du mit einem kleineren Druckkochtopf auskommen.

Als Material empfehlen wir rostfreien Stahl, innen emailliertes Aluminium oder emaillierten Stahl. Achte vor allem darauf, daß auch die Einsätze und der Dreifuß aus rostfreiem Stahl sind. Aluminium-Drucktöpfe sind zwar vielleicht billiger, aber wir raten nachdrücklich davon ab. Die Kombination aus Salz mit den verschiedenen Säuren aus den Lebensmitteln greift das Aluminium sichtlich an. Ältere Töpfe dieser Art sind daher manchmal übersät mit kleinen Löchern. Das dort einmal vorhandene Aluminium ist inzwischen in Deine Gerichte geraten und kann unter anderem erhöhten Blutdruck zur Folge haben.

Für alle Arten von Drucktöpfen gilt, daß Du Dich nicht an die Kochzeiten aus der Gebrauchsanweisung halten darfst. Die sind für unsere Art Essen völlig ungeeignet. Wir brauchen viel längere Kochzeiten. Alle Gummiteile, etwa die Abschlußringe, haben dadurch besonders zu leiden. Bei intensivem Gebrauch weisen manche Ringe schon nach einem

Jahr Schäden auf. (Kaufe nicht gleich einen neuen Ring, sondern dehne den alten mit der Hand kräftig aus. Meist hat er sich nur etwas zusammengezogen.) Du kannst jeden Drucktopf natürlich immer noch wie einen normalen Topf benutzen, indem Du den Deckel nicht verriegelst.

c) Eine Bratpfanne, am besten mit einem Deckel. Falls Du einen Backofen hast, nimmst Du eine mit einem hitzefesten Stiel, dann kannst Du sie auch im Backofen gebrauchen. Auch bei der Pfanne ziehen wir rostfreien Stahl vor. Entscheide Dich außerdem für eine Pfanne mit einem dicken Boden, selbst dann, wenn Du mit Gas kochst. Das Gewicht ändert sich dadurch zwar etwas, aber die Wärmeverteilung in der Pfanne ist wesentlich besser, wodurch Dein Essen nicht so schnell anbrennt. An sich könnte eine Pfanne auch aus emailliertem Gußeisen sein, aber gerade bei einer solchen Pfanne ist das höhere Gewicht von Gußeisen doch von Nachteil. Nicht emailliertes Gußeisen kann einen leichten Eisengeschmack ergeben oder Dein Essen sogar verfärben. Nachteiliges für die Gesundheit ist darüber nicht bekannt.

d) Einen kleinen höheren Topf mit einem Fassungsvermögen von etwa anderthalb Liter oder einen Stieltopf mit einem Deckel (wenn möglich: beide!). Je besser die Deckel schließen, desto günstiger. Auch hier ziehen wir rostfreien Stahl vor und vor allem den aus dicken Boden. Damit und mit einem gut schließenden Deckel kannst Du nämlich nach einiger Übung Gemüse fast ohne Wasser zubereiten. Falls Du einen Backofen hast, sind hitzebeständige Griffe und Stiele notwendig. Ersatzweise kannst Du für einen kleinen Topf mit Deckel auch einen aus schwerem Gußeisen nehmen. Aber dazu gehört auch ein schwerer gußeiserner Deckel. Billige gußeiserne Töpfe haben oft leichte Flachstahldeckel, die sich durch Dampfdruck öffnen, wodurch das Essen trockenkocht.

e) Ein emailliertes stählernes Litermaß (das nicht gleich die Form verliert, wenn Du etwas Heißes hineingießt) mit einer inwendigen Skala.

f) Ein großes Metallsieb zum Waschen von Getreide, Hülsenfrüchten, Samen und Gemüse. Nimm eines mit einem Durchmesser von 20 cm. Ein großes Sieb ist nämlich viel besser als ein kleines. Außerdem kannst Du das Sieb auch zum Dämpfen von Getreide oder Gemüse benutzen.

g) Ein Set hitzefester Schälchen, die dazu dienen, Reste aufzubewahren. Falls Du einen Backofen hast, kannst Du sie auch dafür benutzen.

h) Ein großes und ein kleines Gemüsemesser. Beim großen Messer geht nichts über das im Naturkosthandel erhältliche spitze japanische sogenannte ,,A-cut"-Messer. Das ist nicht billig, aber es gibt kein europäisches Messer, das man so praktisch arbeiten kann. Wenn Du Dich einmal daran gewöhnt hast, möchtest Du es nicht mehr missen. Das kleine Messer kann durchaus auch ein einfaches Kartoffelmesser sein.

i) Eines oder mehrere hölzerne Schneidebretter. Ein Brett reicht, wenn Du die Seite, auf der Du die Zwiebeln schneidest, nie für Produkte verwendest, an denen Du keinen Zwiebelgeschmack haben willst. Das ist aber gar nicht so einfach.

j) Ein Set Holzlöffel, von denen einer oder mehrere einen geraden unteren Rand haben. Diese dienen dann als ,,Schieber" für allerlei kleine Arbeiten wie Rühren, Schöpfen, Entfernen von Angebranntem oder Wenden.

k) Eine große Schöpfkelle für Suppe.

l) Eine einfache Butterkuchenform, auch dann, wenn Du keinen Backofen hast.

m) Ein kleines Töpfchen für Speiseöl mit einem Pinsel. Damit kannst Du rasch Topfböden, Schälchen, Kuchenformen usw. bepinseln.

n) Einen kräftigen Püreestampfer.

o) Eine rostfreie, stählerne, blockförmige Rohkostraspel. Eine flache Raspel tuts auch, aber sie ist weniger bequem.

p) Zwei Flammenteiler.

q) Einen Gasanzünder.

r) Einen japanischen Fritierschöpflöffel aus rostfreiem Stahl. Das ist eine Art mit Gaze bespannte Schaumkelle, die man gut für vieles mehr als nur Fritiertes gebrauchen kann.

s) Einen Mörser mit einem Stampfer. Sehr gut sind die japanischen gerippten Mörser mit einem Holzstampfer, die sogenannten ,,Suribachis". Dazu brauchst Du noch einen einfachen Pinsel, um ihn zu säubern.

t) Ein kleines Teesieb aus rostfreiem Stahl.

u) Eine Thermoskanne mit einem Fassungsvermögen von ca. dreiviertel Liter.

v) Eine kleine aufrollbare Bambusmatte von etwa 25x25 cm, eine sogenannte ,,Sushimatte".

w) Einige kleine ,,Mützchen" aus Plastik mit einem Gummi, die Du über Töpfe und Schälchen mit Resten stülpen kannst. Besser, aber auch teurer sind verschiedene Sushimatten, die man lose über einen Teller oder eine Schale legt, die man so stapeln kann.

x) Eine Zange aus Holz oder Kochstöckchen, mit denen man beim Kochen etwas Heißes aus einer Pfanne holen kann ohne hineinzustechen. In einigen chinesischen Geschäften kannst Du auch eine Art großer (20 bis 25 cm langer) Zangen aus Holz oder Bambus kaufen, die sehr gut dazu geeignet sind.

y) Eine Suppen- und eine Teetasse, ein Teller und Besteck. Wenn Du auch einmal Gäste empfangen möchtest, brauchst Du das natürlich für mehrere Personen.

z) Eine harte Bürste aus pflanzlichem Material, um Gemüse damit zu reinigen.

Schließlich brauchst Du noch Küchentextilien: Schürzen, Topflappen, Arbeitslappen und Geschirrtücher.

Bei der Anschaffung dieser Artikel brauchst Du nicht auf eine Marke zu achten. Das Material sollte nur möglichst natürlich sein. Kaufe ruhig aus einem Sonderangebot in einem Kaufhaus. Aber für einige spezielle Dinge solltest Du schon in einen Naturkostladen gehen, z. B. für das große Messer, den Fritierlöffel, den gerippten Mörser, die Sushimatte und die Gemüsebürste. Aber diese Dinge sind ihren höheren Preis auch wert.

Die Vorratshaltung

Aufbewahren von Getreide, Hülsenfrüchten und Samen

Einige Nahrungsmittel sind am besten ohne besondere Hilfsmittel aufzubewahren: ganze getrocknete Getreidekörner, getrocknete Hülsenfrüchte und Samen. Für einen Einpersonen-Haushalt ist das natürlich ein gewaltiger Vorteil. Du brauchst nur einmal in einer bestimmten Zeit Grundnahrungsmittel einzukaufen. Getreide ist sogar noch besser zu lagern als getrocknete Hülsenfrüchte und Samen, wenn es sein muß, sogar jahrelang. Dennoch können sich zwei Probleme ergeben: Insekten und Schimmel. Zwei Insekten-Eier in Deinem Vorrat können im Prinzip schon ausreichen, um zu Problemen zu führen. Die Schwierigkeit hierbei sind nicht die Insekten selbst. Es ist vielleicht keine angenehme Vorstellung, nun in Abweichung von Deiner gewohnten vegetarischen Kost jetzt Insekten zu essen. Doch sie sind völlig unschädlich. Das Problem ist, daß diese Insekten Deine Vorräte auffressen. Gib den Eiern keine Gelegenheit heranzureifen. Du mußt Deine Vorräte daher an einem kühlen Ort aufbewahren. Zwar nicht im Kühlschrank, aber vor allem nicht am Fenster und in der Sonne. Gib außerdem Insekten keine Möglichkeit, Eier in den Vorräten zurückzulassen. Bewahre die Vorräte nicht offen und frei auf, sondern nur in gut verschlossenen Behältnissen. Wenn doch Insekten auftreten, ahmst Du am besten einen tiefen Winter nach, indem Du die betreffenden Vorräte für 24 Stunden tiefgefrierst.

Wenn Dein Vorrat zu feucht wird, können die darin vorhandenen Enzyme aktiviert werden. Dann setzen sie Stärke in einfachen Zucker um und darauf setzen sich dann die überall in der Luft vorhandenen Schimmel und Bakterien. Außerdem können dann sowohl Getreide als auch Hülsenfrüchte keimen. Verschimmelt sind sie natürlich nicht gerade appetitlich. Außerdem ist z. B. verschimmelter Roggen sogar gefährlich. Wenn Du glaubst, daß Dein Vorrat feucht geworden ist, kannst Du die betreffenden Produkte im Backofen bei der niedrigsten Temperatur und offener Tür trocknen. Wenn Du das Getreide allerdings zu gründlich trocknest, zu heiß oder zu lange, nimmt die Qualität der Produkte ab und sie werden z. B. nicht mehr keimen.

Für das Aufbewahren von Flocken und Mehl gilt entsprechendes, nur mußt Du dabei eher mit Problemen rechnen als beim Getreide. Wenn

Du übrigens Mehl, Flocken oder Getreide usw. mit Insekten in Deinem Vorrat hast, halte es von den anderen Vorräten fern.

Falls Du kein Gefrierfach oder keinen Backofen hast, kann es sich lohnen, zu diesem Zweck einen Bekannten aufzusuchen.

Kaufe Gemüse mit Blick auf die Lagerhaltung

Zunächst einmal ist es nicht immer einfach, für eine Person Gemüse einzukaufen. Du ißt allein wenig und dafür hat der Verkäufer oft nicht das richtige Verständnis. Je weniger Du nimmst, desto höher wird oft der Preis. Mit kleinen Mengen ist schließlich die gleiche Arbeit verbunden wie mit großen Mengen. In den meisten Naturkostläden gibt es dieses Problem weniger häufig.

Übrigens, die oben genannten Punkte spielen vor allem bei weniger festem, ausgedehnten, also yinnerem Gemüse eine Rolle, wenn Du nach der Jahreszeit einkaufst, also nur im Sommer. Bei härteren, zusammengezogeneren, also yangerem Gemüse ist es kein Problem, mehr zu kaufen als Du an einem Tag genau brauchst. Wähle dann immer die kleinen Exemplare aus. Kleinere, yannere Exemplare einer bestimmten Art verderben im allgemeinen weniger rasch als größere, die mehr yin sind. Wähle also wenn möglich die kleinen Möhren, Kohlköpfe oder Kürbisse. Davon gibt es bei einer Gewichtseinheit natürlich mehr, aber sie sind auch länger haltbar. Der Rest, der zu Hause übrig bleibt, ist meist besser aufzubewahren. Du kannst z. B. besser drei von vier kleinen Möhren verwahren, nachdem Du eine gebraucht hast, als die angeschnittenen dreiviertel einer großen Möhre.

Es gibt natürlich zahllose Gemüse, die sich sehr gut lagern lassen. Wir nannten schon Möhren, Kohl und Hokkaido-Kürbis. Das gleiche gilt für Zwiebeln, Rüben, Sellerie, Pastinak usw. Die Portionen, die Du davon kaufst, ißt Du gar nicht auf einmal auf, Du hältst immer Reste übrig, was bei solchen Gemüsen kein Problem ist. Sogar ganz kleine Reste, die nicht einmal mehr für eine weitere Mahlzeit für Dich alleine reichen, kannst Du immer noch einmal ausgezeichnet für die Suppe oder für ein Mischgericht verwenden. So denkst Du Dir selbst neue Gerichte aus und wirst kreativ in der Küche. Kaufe solches Gemüse auch niemals in kleinen Mengen vorgeschnitten. Es liegt nur stundenlang herum und verliert seinen Nährwert. Eventuelle Reste von geschnittenem Gemüse verderben rasch und außerdem ist geschnittenes Gemüse viel teurer.

Weniger festes, yinnigeres Gemüse wie Spinat, Salat, Stielmus, Portulak wird sehr rasch unansehnlich. Laß Dich nicht dazu verleiten, davon große Mengen auf einmal zu kaufen. Machst Du es einmal, dann bist Du gezwungen, tagelang hintereinander davon zu essen, und mußt am Ende vielleicht doch noch etwas wegwerfen. Außerdem verdirbt diese Art Gemüse rasch, da es wenig fest, also yin ist. Wenn Du davon zu viel ißt ohne Ausgleich, passiert mit Dir das gleiche. Besser ist es, jeden Tag frische, sehr kleine Portionen zu kaufen. Aber wie schon gesagt, gilt dieses Problem für Dich nur in der Zeit, in der es dieses Gemüse auch gibt. Frage auf jeden Fall Deinen Naturkosthändler, an welchem Tag er frisches Gemüse bekommt, und kaufe es auch an diesen Tagen ein.

Es gibt übrigens noch eine Alternative, aber die ist längst nicht für jeden geeignet oder machbar. Es ist die Verwendung von wildem Gemüse wie Brennessel, Giersch, Vogelmiere, Geißfuß, Huflattich und Löwenzahnblätter. Wir kommen später darauf noch zurück. Du kannst hiervon nämlich genau so viel ernten, wie Du selbst brauchst. Eventuell doch noch etwas wegwerfen ist auch nicht schlimm.

Aufbewahren von Gemüse

Die größten Feinde des Gemüses sind Licht, zu hohe Temperaturen, zu hohe Feuchtigkeit und Austrocknen. In den ersten drei Fällen wächst Dein Gemüse noch so gut es geht weiter. Das ist das „physiologische Verderben". Daneben spielen auch noch andere Arten von Verderben eine Rolle. Der zuletzt genannte Fall, Austrocknen, kann manchmal zwar die Haltbarkeit von Gemüse verbessern, aber im allgemeinen ist Austrocknung doch recht unerwünscht. Verwahre Dein Gemüse also an einem kühlen und dunklen Ort. Nicht zu trocken, aber auch nicht zu feucht. Vielleicht unter einer Abdeckung auf dem Nordbalkon, in einer ungeheizten Duschkabine oder einfach im Flurschrank (Dann darf natürlich die Sonne nicht den ganzen Tag auf die Schranktür brennen).

Verwahre Dein Gemüse möglichst getrennt voneinander, z. B. auf dem Boden einer hölzernen Apfelsinenkiste. Entferne immer alles Verpackungsmaterial aus Plastik. Wenn Du schon verpacken willst, dann nimm dazu Papiertüten.

Verarbeite schlaffes Blattgemüse auf jeden Fall so schnell wie möglich. Wir haben schon über die ausgezeichnete Genießbarkeit des Laubs von Möhre, Rettich, Radieschen, Rüben, Kohlrabi usw. gesprochen. Dieses

Laub mußt Du als erstes essen, bevor Du Dich an die Wurzel- und Stengelteile machst. Die können ruhig noch ein paar Tage liegen. Bei den runderen, zusammengezogenen, also yangeren Kohlarten ißt Du am besten allmählich von außen nach innen. Du pellst dann immer genau so viel Blätter ab, wie Du brauchst. Den Rest verwahrst Du. So bleibt der Kohl am längsten gut. So kannst Du vielleicht drei oder vier Wochen gelegentlich davon essen, was Dir sicher nicht gelingt, wenn Du einfach ein Segment herausschneidest. Bei den langgestreckteren, ausgedehnten, also yinnigeren Kohlarten wie Chinakohl geht das nicht so gut. Wenn Du einen kleinen Gemüsegarten hast, raten wir Dir, den Kohl ruhig einfach im Garten stehen zu lassen. Auch in diesem Fall pflückst Du einfach so viel von den Blättern ab, wie Du brauchst. Zunächst hellgrüne Innenblätter werden auf diese Weise sogar immer wieder grün. Es wird also Chlorophyll je nach Bedarf ergänzt. Außerdem enthalten die äußeren Blätter eines Kohls besonders viel Vitamin C. Falls Du Deinen Kohl so verwendest, erntest Du nur noch Außenblätter.

Der empfohlene Standard-Vorrat

Es ist sehr bequem und zeitsparend, wenn Du das ganze Jahr über Deinen Hausvorrat laufend ergänzt. Du mußt dann nicht immer einkaufen, auch wenn es Dir mal nicht so gut paßt. Außerdem wirst Du sehen, daß es in der Welt der Naturkost auch einmal vorkommt, daß bestimmte Produkte manchmal wochenlang einfach nicht erhältlich sind. Dein Vorrat versetzt Dich dann in die Lage, auch eine solche Zeit mühelos zu überbrücken.

Ergänze fehlende Produkte in ausreichenden Mengen dann, wenn die Versorgungslage besonders gut ist. Das gilt vor allem für Gemüse. Warte mit größeren Ergänzungen auf jeden Fall solange, bis die neue Ernte kommt. Das gilt dann insbesondere für Getreide, Hülsenfrüchte und Samen. Schreibe immer deutlich das Datum auf jede neue Packung, die Du mit nach Hause nimmst. Dann weißt Du später immer, was Du als erstes anbrechen mußt. Außerdem lernst Du so Deinen Verbrauch kennen. Daraus kannst Du dann ableiten, wie groß Dein Vorrat sein muß.

Wir meinen, daß Dein Vorrat aus folgenden Produkten bestehen soll. Weitere Informationen über diese Produkte und ihre Verwendung findest Du in den Kapiteln mit den Rezepten. Wo das nicht der Fall ist, haben wir hierunter eine kurze Produktbeschreibung aufgenommen.

a) Getreide und Getreideprodukte

Auch wenn Du nur wenig pro Tag brauchst, solltest Du doch einige Kilo von jeder Grundgetreideart im Haus haben: brauner Reis, Gerste, Hirse, Buchweizen und Hafer. Als einzige Abwechslung sorgst Du in den Sommermonaten für halblangen Reis und im Winter für runden. Wenn Du Dich an die Regeln hältst, hält sich das Getreide jahrelang.

Das gilt übrigens auch für ganze getrocknete Getreideprodukte wie Bulgur, Kuskus und Nudeln. Schließlich wollen wir noch Haferflocken nennen, aber deren Haltbarkeit ist wohl einigermaßen begrenzt. Belasse es bei einem Paket von höchstens 500 g. Unter der Bezeichnung Getreideprodukte sollten auch ein oder zwei sterilisierte Töpfe Seitan nicht in Deinem Vorrat fehlen. Als letztes Getreideprodukt, das Du in Deinen Vorrat aufnehmen solltest, nennen wir noch den Gerstenmalzsirup. Er ist ein ausgezeichnetes Süßmittel, dem die Nachteile von Zucker und Honig weitgehend fehlen. Er wird aus gekeimter Gerste gewonnen. Die dabei aktivierten Enzyme wandeln das Stärkemehl in den Gerstenkörnern in Malzzucker um. Ein oder zwei Töpfe reichen aus.

b) Hülsenfrüchte

Sorge vor allem für einen Vorrat an Hülsenfrüchten, die Du am meisten verwendest: Linsen und Adukibohnen. Etwa ein Kilo je Sorte. Nimm daneben vor allem ein Pfund von Deinen Lieblingserbsen, grüne und Kichererbsen, braune und weiße Bohnen in Deinen Vorrat auf.

c) Samen und Produkte aus Samen

Nicht fehlen sollten auch etwas Sesam und geschälte Sonnenblumenkerne. Samen liefern das beste Speiseöl für die Einpersonenküche. Sorge in Deinem Vorrat für eine Flasche mit einem halben bis dreiviertel Liter gutem, unraffiniertem pflanzlichem Speiseöl. Wir empfehlen vor allem Sesamöl, wegen der ausgezeichneten Haltbarkeit bei einem dennoch recht neutralen Geschmack. Raps- und Sonnenblumenöl sind gute Alternativen. Maiskeimöl ist vielleicht leckerer in Feingebäck und Olivenöl schmeckt besser in Salaten, doch Maiskeimöl läßt sich nicht so gut verbacken und Olivenöl wird schnell ranzig. Beschränke Dich daher in erster Linie auf eine Ölsorte. Dann kannst Du für besondere Dinge immer noch ein wenig von dem anderen Öl hinzukaufen.

Nimm weiter einen Topf mit weißer und einen mit ungesalzener brauner Sesampaste (Tahin) in Vorrat.

d) Gemüse

Sorge vor allem für einen Vorrat an haltbarem Gemüse, in den Du je nach Jahreszeit Abwechslung bringst: im Sommer z. B. Sommermöhren, Rüben, Porree, Radieschen, Gurken usw.; im Winter Zwiebeln, Wintermöhren, Pastinak, schwarzer Rettich, einen Kohl, einen Kürbis, eine Sellerieknolle, etwas Porree usw.

Wenn Du selbst keinen Garten hast, sind Blumentöpfe mit frischen Gartenkräutern vor dem Fenster oder auf dem Balkon sehr gut. Vor allem sind Schnittlauch, Petersilie usw. zu nennen. Sorge im Winter für mehr getrocknete Gartenkräuter wie Bohnenkraut, Basilikum usw.

Nimm von den hier genannten Produkten gerade so viel mit nach Hause, daß Du immer einige Tage bis zu einer Woche nicht einkaufen mußt. Falls Du Lust und Zeit hast, gehst Du auf die Suche nach frischer Ware, aber wenn Du mal eines Tages zu spät nach Hause kommst, kannst Du gleich zu kochen anfangen.

e) Meeresgemüse

Meeresgemüse kaufst Du getrocknet, da es so sehr einfach zu verwahren ist. Sorge für einen Vorrat an Kombu, Wakame, Arame und Nori. Mit zwanzig Gramm der ersten drei und zwei Päckchen Nori kommst Du eine Woche aus.

f) Getränke und Früchte

Nimm eine kleine Menge Deines Lieblingstees oder Kaffee-Ersatzes in Vorrat: z. B. einen Dreijahrestee oder ein Päckchen Yannoh oder Dendelio.

In der Apfel-Zeit kannst Du auch ein Kilo Äpfel (ca. fünf Stück) in Vorrat nehmen. Weiterhin ist eine biologische Zitrone sehr sinnvoll. Zitronen sind zwar nicht von hier, aber sie enthalten recht wenig Zucker. Daher kannst Du sie (in Maßen) verwenden. Sorge weiter für ca. 100 Gramm Korinthen und/oder Rosinen. Auch von den verschiedenen getrockneten Früchten wie Pflaumen, Aprikosen, Birnen usw. kannst Du gut etwas im Haus haben. Sie halten sich sehr lange.

Nimm weiterhin nur eingedickten Apfel- und/oder Birnensaft (Dicksaft) in Deine Vorräte auf. Er ist in Flaschen zu kaufen und hält sich einige Zeit. Übrigens: Viele Menschen finden ihn viel leckerer, wenn er angefangen hat zu gären!

h) Salz und salzige Fermentationsprodukte

Sorge für einige hundert Gramm feinen Meersalzes (Mittelmeer). Verwahre es in einem großen Topf mit gut schließendem Deckel. Falls es doch einmal feucht geworden ist, kannst Du es in einer Pfanne trocknen. Wenn Du Dir übrigens Sorge machst über Reste der Meeresverunreinigung im Meersalz, dann kannst Du es Dir zur Gewohnheit machen, das neugekaufte Salz kurz auf großer Flamme zu erhitzen. Durch die extrem hohen Temperaturen, die dabei auftreten, baust Du die Reste z. B. von PCB und anderen Chemikalien ab. Allerdings ist umstritten, ob nicht auch die Qualität des Meersalzes darunter leidet.

Salzige Fermentationsprodukte sind Gersten-Miso, Natto-Miso, Tamari, Shoyu und Umepaste. Gersten-Miso entsteht durch monatelange Fermentation von Sojabohnen, Gerste und Salz. Moromi ist ein Produkt mit viel kürzerer Fermentation und wird vor allem aus Sojabohnen mit Gerste, Ingwerwurzel und Kombu-Meeresalge gewonnen. Tamari ist im Grunde ein flüssiges Nebenprodukt der Misozubereitung und Shoyu ist ebenfalls eine Flüssigkeit, die nach einer monatelangen Fermentation von Sojabohnen mit Weizen und Salz entsteht.

Umepaste schließlich ist das mit Salz fermentierte Fruchtfleisch unreifer Pflaumen. Alle diese Produkte werden meist noch aus Japan und den USA importiert, wenn auch die Herstellung bei uns langsam in Gang kommt. Während ihrer Fermentation haben sie eine Bakterienflora entwickelt, die in unserem Darm für eine gute Flora sorgt. Daneben enthalten sie Eiweiß, Enzyme und Vitamine, unter anderem Vitamin B12. Und sie sind sehr lange haltbar. Nur Natto-Miso hat die Neigung, im Topf noch weiter zu fermentieren, was nicht weiter schlimm ist, es kann nichts passieren.

Nimm einen Topf Miso und Natto-Miso und einen kleinen Topf Umepaste in Vorrat. Sorge weiter für eine Flasche mit ca. einem halben Liter Shoyu. Tamari ist zwar auch hervorragend zu verwenden, doch ist es eher für medizinische Anwendungen gedacht.

i) Bindemittel

Ein Topf mit etwa 100 Gramm Arrow-Root-Bindemittel.

j) Kräuter

Ein Tütchen oder ein Topf Zimt ist sehr nützlich.

k) Nüsse

Zur Abrundung Deines Hausvorrats kannst Du einige Nüsse kaufen, etwa Haselnüsse, Walnüsse und eventuell noch Cashewnüsse. Du kannst sie in der trockenen Pfanne rösten. Sehr lecker ist es, mal einige zwischendurch zu essen.

l) Verschiedenes

Um gelegentlich Deinen Nachtisch zu „süßen", ist es gut, ein wenig Carobpulver im Haus zu haben. Das wird aus den Früchten des Johannisbrotbaumes (stammt aus den Ländern rund um das Mittelmeer) gewonnen, die man ganz fein mahlt. Der Geschmack erinnert ein wenig an Kakao, aber es fehlen die stark stimulierenden Stoffe Koffein und Theobromin, die im Kakao sehr wohl vorkommen. Kaufe Dir ein paar Päckchen. Halte weiterhin einige Agar-Agar-Stäbe, oder -Puder in Vorrat, womit Du ebenfalls Deinen Nachtisch anrichten kannst.

Wo soll man einkaufen?

Bereits mehrfach ist wohl unsere Vorliebe für Naturkostläden ange-
klungen. Unsere Argumente wollen wir hier nicht wiederholen. Wir
möchten allerdings die beiden anderen Arten von Läden, die ,,Natur-
kostartikel" vertreiben, kritisch mit den Naturkostläden vergleichen.

Zunächst einmal sind da die bekannten sogenannten Reformgeschäf-
te. Sie sind Überbleibsel einer Bewegung aus dem 19. Jahrhundert, die
als Reaktion auf die industrielle Revolution nach einer natürlicheren Art
des Lebens strebte. Das sieht genau so aus wie das, was wir wollen.
Aber leider ist von diesem Ausgangspunkt in der täglichen Praxis der
Reformläden nicht mehr viel zu entdecken. Viele verkaufen zwar noch
eine Reihe von Produkten, die man den makrobiotischen Grundnahrungsmitteln zurechnen kann, doch der größte Teil ihres Sortiments gehört eher zu den teuren Delikatessen. Überall finden sich vielfarbige
Luxus-Verpackungen mit schreierischer nichtssagender Werbung. Oft
weiß der Händler offensichtlich mehr über die teuren Weine Bescheid,
die er verkauft, als über das Getreide. Gehe also nur dann in diese Läden, wenn Du selbst genügend Sachkenntnis hast, oder wenn wirklich
kein Naturkostladen in der Nähe ist.

Und dann gibt es da die normalen Supermärkte oder Drogerien mit einer Reform-/Naturkostabteilung. Meist befinden die sich in einer Ecke,
wo allerlei Produkte verschiedener Marken angeboten werden. Marken,
die vielleicht auch einige Produkte in ihrem Sortiment haben, die man
als Naturkost bezeichnen könnte, aber die meisten Verpackungen haben
allein mit der Absicht, glauben zu machen, diese Produkte seien biologisch
und natürlich. Sie sind es jedoch nicht. Es wird dann z. B. ausführlich
beschrieben, wie unraffiniert ein solches Produkt ist, doch über die Art
des Anbaus wird geschwiegen.

Da biologischer Anbau den Wert eines Produkts erhöht, ist ein Produkt ohne diese Erwähnung natürlich nicht biologisch, sondern es
stammt aus dem normalen Landbau. Gerade dann mußt Du besonders
auf der Hut sein. Das Getreide, das Du dort kaufst, kann z. B. Teil einer
größeren Partie sein, die normal angebaut und auch gespritzt wurde, in
der Überzeugung, daß die Körner später geschält würden, denn dabei
würde dann der größte Teil der noch auf den Körnern vorhandenen

Pflanzenschutzmitteln im Viehfutter verschwinden. So erhältst Du ein Produkt, daß zwar in raffiniertem Zustand den Anforderungen genügt und also für die einschlägigen Zwecke brauchbar erscheint, doch in der unbehandelten Teilpartie finden sich immer noch Reste der Chemikalien! In solchen Fällen kann das Vollwertige, Unraffinierte manchmal sogar noch schlechter sein als das Raffinierte. Gleiche Argumente gibt es auch bei Wurzelgemüse, dessen Laub Du ja jetzt auch essen willst. Ob der Bauer wirklich daran gedacht hat, daß es Menschen geben könnte, die das Laub essen? Oder ging er davon aus, daß es ja doch in den Abfalleimer wandern würde?

Nur im Naturkosthandel erfährst Du etwas über die Qualität der Produkte, die Du haben möchtest. Das kommt vor allem durch den viel kleineren Rahmen, in dem dort gearbeitet wird. Ein guter Naturkosthändler kann Dir genau sagen, welcher Betrieb die verschiedenen Produkte anbaut oder verarbeitet, und was für ein Betrieb das ist, vor welchem Hintergrund er arbeitet. Jemand, der nur an Gewinn denken kann und will, baut Produkte ganz anderer Qualität an, als jemand, der mehr von einem bestimmten, eher idealistischen Gesichtspunkt aus arbeitet.

Schließlich entstehen dem Naturkosthändler keine Kosten für teure Verpackungen. Er arbeitet mit einfachen braunen oder grauen Papiertüten, während bei ihm ausschließlich die Qualität den Verkauf bringt und nicht die Verpackung. Daher ist er oft von allen drei Händlern der billigste.

Dennoch mußt Du auch im Naturkostladen aufpassen! Letztendlich bist Du ja selbst verantwortlich für das, was Du kaufst. Versuche daher, Deine Warenkenntnis ständig zu verbessern. Ein Naturkosthändler kann schließlich auch nicht immer alles wissen. Außerdem kann er mit den besten Absichten für seine Kunden und rein aus idealistischen Erwägungen heraus Argumente anführen, die Dich nun überhaupt nicht interessieren und umgekehrt. Wenn er z. B. ein überzeugter Anthroposoph ist, wird er Dir mit seinen besten und wohlgemeinten Argumenten seine Milchprodukte und sein biologisch-dynamisches Fleisch empfehlen. Ein ökologischer Händler dagegen glaubt, Dir zu helfen, indem er Dich ausführlich auf die Kochkiste hinweist. Du mußt also immer Deine eigenen Argumente gut kennen. Wir hoffen, daß Dir dieses Buch dabei helfen kann.

Beim Essen

Zwinge Dich selbst dazu, Dir genügend Zeit für Deine Mahlzeiten zu nehmen. Alleinstehende, die das nicht sehr bewußt tun, setzen sich nach einiger Zeit nicht mehr zum Essen hin. Stehend zu essen ist schlecht für die Verdauung und für die Gesundheit.

Außerdem kaust Du natürlich längst nicht ausreichend. Wir sahen schon, daß Kauen sehr wichtig ist, gerade bei unserer Art von Essen. Frikadellen braucht man nicht zu kauen, aber Getreide und Hülsenfrüchte müssen gekaut werden. Gut „einspeicheln" ist alles. Die Enzyme im Speichel brechen die langen Kohlehydratmoleküle auf und machen aus ihnen kürzere Einheiten, u. a. Glukose (Traubenzucker). Daher schmeckt Reis süß, wenn man ihn nur lange genug kaut. Allein durch genügend langes Kauen nutzt Du die Qualität der Nahrungsmittel und die bessere Art zu kochen aus.

Da Du alleine kein Tischgespräch führen mußt und kannst, empfehlen wir nachdrücklich — vor allem am Anfang — die Anzahl der Kaubewegungen zu zählen. Versuche, erst nach dem fünfzigsten Mal zu schlucken. Du kannst auf diese Weise auch nicht zu viel essen. Gut kauen macht nämlich eher satt. Nimm immer nur kleine Mengen auf den Teller, sonst ist es zu schnell kalt.

Falls Dir doch einmal das Tischgespräch fehlt, kommst Du vielleicht auf die Idee, beim Essen zu lesen. Dadurch wendest Du Deine Aufmerksamkeit aktiv (yang) anderen Dingen als dem Essen zu. Folge ist, daß überall in Deinem Körper zu wenig Verdauungssäfte produziert werden, was natürlich nicht gesund ist. Höre Dir lieber leise, ruhige Musik an, die Dich passiv, empfänglich (yin) macht.

Eine sehr gute Art, Dich selbst dazu zu zwingen, der Mahlzeit genügend Aufmerksamkeit zu schenken, ist es, regelmäßig Bekannte zum Essen einzuladen. So kannst Du Deine Zubereitungskunst auch mal durch den Geschmack eines anderen prüfen lassen. Außerdem wirst Du dadurch stimuliert, etwas besonders Leckeres zuzubereiten. Ein Essen z. B. für zwei Personen ist übrigens immer noch so wenig, daß all Deine Geräte im Einpersonen-Haushalt ausreichen. Deine Töpfe sind immer noch groß genug und auch für zwei Personen kannst Du auf zwei Flammen noch ein regelrechtes Festmahl bereiten.

Wenn es einmal billig sein muß

Wenn Du einmal Bescheid weißt, ist makrobiotische Ernährung billig, viel billiger als „normales" Essen. An sich sind die Zutaten aus dem Naturkosthandel natürlich teurer, doch da die Ausgaben für Fleisch, Spirituosen und Molkereiprodukte wegfallen, gleicht sich das wieder aus. Dennoch kann tägliche Makrobiotik zuweilen zu kostspielig sein.

Stell Dir vor, Du hast ein Schicksalstelegramm an Deine Familie oder an Bekannte geschickt mit der verzweifelten Frage: „Wo bleibt das Geld?", und als Antwort kommt lediglich: „Das Geld bleibt hier!", dann brechen für Dich Notzeiten an, und Du mußt einige Zeit extrem billig essen, aber — wenn es auch nur irgendwie geht — vernünftig. Wie kannst Du das machen? In diesem Kapitel folgen einige Ratschläge für solche Notsituationen. Einige dieser Tips sind jedoch auch für eine einfach nur sparsame Lebensweise nützlich.

Kommt es zu einer Notlage, dann gibt es zwei Dinge, die Du erst ganz zuletzt aufgeben darfst: Die mengenmäßigen Verhältnisse in Deinen Mahlzeiten und die richtige Art der Zubereitung. Bleibe bis zum Schluß dabei, Getreide, Hülsenfrüchte, Samen, Gemüse und Fermentationsprodukte in der beschriebenen Weise zuzubereiten und zu essen. Du kannst in Notfällen jedoch rasch bei den Zutaten sparen und, etwas weniger, auch durch eine vernünftige Art, zu kochen. Die mengenmäßigen Verhältnisse in Deinen Mahlzeiten und die richtige Art zu kochen halten wir nämlich für wesentlich wichtiger als die richtige Art des Anbaus. So kannst Du immer noch auf die billigeren „normalen" Zutaten zurückgreifen, doch versuche zunächst, ob Du nicht auf billigere Weise an natürliche Zutaten gelangen kannst (ohne zum Schmarotzer zu werden).

So lange wie möglich Naturkost

Erkläre Deinem Naturkosthändler, daß Du für einige Zeit billiger leben mußt. Er wird Dir Verständnis entgegenbringen. In der Welt der Naturkost gibt es nicht so viele reiche Menschen! Verwende etwas mehr Getreide in Form von altem Brot! Treffe eine Absprache, daß das alte Vollkornbrot, das sonst nach einer Woche oder auch schon früher aus dem Verkehr gezogen wird, für Dich zurückgelegt wird. Es läßt sich noch gut essen. Es schmeckt eher noch besser, nur ein bißchen härter. Mache aber immer das Angebot, für das Brot wenigstens etwas zu zahlen. Versuche, eine solche Regelung auch für Gemüse zu treffen. Bitte um das Laub, das auch die meisten Leute im Naturkosthandel doch nicht haben wollen. Außerdem kommt für jeden Händler, der Qualitätsprodukte anbieten will, irgenwann einmal der Punkt, an dem bestimmte Reste seinen Ansprüchen nicht mehr genügen. Dann müssen sie „geräumt" werden. Zu einem geringeren Preis oder vielleicht auch umsonst. Aber nach gründlicher Reinigung sind sie dann oft noch gut zu essen und durchaus nicht minderwertig. Wenn Dein Naturkosthandel z. B. Dienstagnachmittag neue Ware erhält, wird man dort am Dienstagvormittag oder am Abend zuvor an Räumen denken. Biete immer Bezahlung an, dann haben beide einen Vorteil und eine solche Vereinbarung kann von Dauer sein. Du wirst Dich wundern, wie billig man so leben kann.

Eine andere Art, Qualitätsgemüse preiswert zu bekommen, ist die Bekanntschaft mit jemandem, der einen eigenen Gemüsegarten hat und nach Deinen Vorstellungen anbaut. Ein umweltbewußter Hobbygärtner vielleicht. Du glaubst gar nicht, wie groß dort oft die Überproduktion ist. Glücklicherweise geben die Leute dann lieber einiges fort, als es auf den Abfall zu werfen. Sorge immer für eine entsprechende Gegenleistung, wenn Du Gemüse von jemandem bekommst. Wenn Du ihm kein Geld geben kannst, dann mußt Du es eben auf eine andere Art tun, z. B. indem Du ihm Hilfe im Garten anbietest.

Aber die preiswerteste Art, an Qualitätsgemüse zu kommen, kostet Dich überhaupt nichts: Es selbst in der freien Natur ernten. Etwa die gut eßbaren Wildkräuter in einem Park, einem Grünstreifen neben dem Sportplatz oder sogar im Schrebergarten. Nicht alles, was draußen wächst, ist allerdings eßbar und schmackhaft, manche Pflanzen sind sogar ausgesprochen giftig. Doch wenn Du Dich ein bißchen mit Wildpflanzen, Früchten, Nüssen und Pilzen auskennst, kannst Du draußen einiges holen, was in Deiner Küche noch gut und schmackhaft zuzubereiten ist. Es gibt einige recht gute Bücher über dieses Thema. Für die „Kenner" möchten wir hier wohl noch darauf hinweisen, daß z. B. Brennessel, Vogelmiere, Giersch, Huflattich und sogar Löwenzahnblatt und -wurzel gutes und schmackhaftes Gemüse ergeben; Holunder- und Blaubeeren, Brombeeren und Traubenkirschen sind sehr gut für den Nachtisch geeignet, auch wenn es Dir gar nicht so schlecht geht. Wilde

Nüsse wirst Du leider nicht so oft finden. Sogar in eher städtischer Umgebung gibt es zahlreiche eßbare Pilze. Der Nährwert dieser Art von wilden Nahrungsmitteln liegt keinesfalls unter dem von gezogenen Pflanzen. Sogar im Gegenteil. Eine Warnung allerdings ist angebracht: Versuche herauszufinden, ob Dein „Erntebereich" nicht vielleicht vom Gartenbauamt oder jemand anderem gespritzt wurde. Wenn ja, dann laß die Finger von den Pflanzen dort!

Notlagenküche

Bei der Zubereitung kannst Du ebenfalls sparen und sei es auch nur durch die Verwendung einer Getreideart, die weniger lange gekocht werden muß. Koche jedoch jedes Getreide möglichst so lange, wie es für das Getreide angebracht ist. Iß lieber etwas mehr Hirse als nicht garen Hafer.

Verwende alles, aber auch wirklich alles vom Gemüse. Bei besonders sorgfältigem Reinigen ist das weiter kein Problem. Der Geschmack des Essens leidet darunter überhaupt nicht. Es geht allerdings nicht mit allem: Seitentriebe und grüne Teile von Kartoffeln z. B. sind sehr giftig. Wir haben genügend Beispiele für Dinge genannt, die man sehr wohl essen kann.

Verwende weiterhin so wenig Fertigprodukte wie möglich: Kaufe kein Gomasio, sondern mache es selbst; verwende etwas weniger Miso und arbeite stattdessen mit mehr Salz (besorge Dir dann allerdings Meersalz guter Qualität); stelle damit preiswerte eigene Fermentationsprodukte her, sogar kleingeschnittene Kohlstrünke können eingelegt werden. Kaufe keine Nußpasten und derlei als Brotaufstrich, sondern mache Dir selbst etwas für Dein Brot. Wir nennen Dir verschiedene Rezepte, insbesondere im Zusammenhang mit Tofu (Seite 114) und im Kapitel über Soßen (Seite 141). Je mehr Du selbst von Grundzutaten ausgehst, desto preiswerter wird es.

Auch kein Geld mehr für „Notlagen-Naturkost"

Natürlich kannst Du in eine Situation geraten, in der Du überhaupt kein Geld mehr hast und auch keine Möglichkeiten, Dich wie oben beschrieben zu ernähren. Dann bleibt Dir nichts weiter übrig, als auf die gleiche Weise an billiges Gemüse beim normalen Gemüsehändler auf dem Markt zu kommen. Frage auch dort wieder nach dem Laub, den abgeschnittenen Strünken und den Außenblättern und schließlich nach den Waren, die ganz weggeworfen werden sollen. Da normale Geschäfte und Markthändler am nächsten Tag für frische Vorräte sorgen, sind sie gegen Ende der Geschäftszeit besonders billig, und Du kannst die besten „Geschäfte" machen. So wirst Du z. B. feststellen, daß auch der Fischhändler auf dem Markt die Fischköpfe und die beim Filieren übriggebliebenen Gräten loswerden will. Liebhaber wissen daraus eine sehr nahrhafte Suppe zu bereiten. Wird Fischsuppe im Restaurant nicht fast immer so gemacht? Also, weshalb sollte das nicht auch Menschen tun, die besonders hart sparen müssen?

Normal angebautes Gemüse ist im allgemeinen zwar gespritzt, doch viele dieser Mittel sind heute relativ einfach abbaubar, sie sind ziemlich yin. Du kannst das noch dadurch unterstützen, indem Du sie hinreichend erhitzt. Bereite aus solchem Gemüse also vor allen Dingen keine Rohkost.

Um besonders preiswertes Getreide und billige Hülsenfrüchte zu bekommen, könntest Du Dich z. B. an eine Landwirtschaftsgenossenschaft wenden. Dort gibt es oft weitgehend vollwertiges Getreide und ebensolche Hülsenfrüchte, die als Tierfutter gedacht sind. Sei vorsichtig mit Saatgut! Das kann mit lebensgefährlichen Giften versetzt sein. Frage, was Du da eigentlich bekommst, und lasse nicht locker, bevor Du eine zufriedenstellende Antwort erhalten hast. Laß Dir nicht irgendwelche fragwürdige Dinge andrehen, auch wenn es Dir noch so schlecht geht. Es handelt sich ja schließlich um Deine eigene Gesundheit. Wasche die dort gekauften Lebensmittel besonders sorgfältig und mit viel Wasser und lasse die Produkte nicht im Wasser stehen. Dann könnten nämlich eventuell im Wasser gelöste Gifte in die Körner eindringen. Arbeite daher rasch und sorge auch in diesem Fall wieder für ausreichend große Hitze.

Eine letzte Möglichkeit schließlich, um zu preiswertem Getreide zu kommen, gibt es nur im Herbst, wenn der Futtermais auf den Feldern reift. Frage einen Bauern, ob Du Dir einige Kolben mitnehmen darfst. Iß aber nicht längere Zeit hintereinander nur Mais, sondern nimm ihn am besten neben anderem Getreide, Hülsenfrüchten usw.

Essen für Kopf- und Handarbeiter

Yinner oder Yanger?

Wir sagten bereits, daß Du Dich selbst ein wenig „lenken" kannst, indem Du die richtigen Nahrungsmittel auswählst. Damit meinten wir z. B., daß Du Dich selbst dadurch aktivieren kannst, indem Du zusammengezogenere, also yangere Nahrungsmittel und Zubereitungsweisen wählst. Das trifft aber nur in bestimmten Grenzen zu, wie Du selbst feststellen wirst. Überschreitest Du diese Grenzen, kehrst Du die Wirkung dieser Art zu essen nämlich allmählich um. Ißt Du zuviel Salz und Gebäck, also extrem yange Nahrung, wirst Du auf die Dauer zwar sehr angespannt aber unbeweglich wie eine Salzsäule oder eine Brotkruste. Von zu vielen süßen Früchten, die yin sind, kannst Du sogar überaktiv werden. Dann allerdings in einer gänzlich ungerichteten, ziellosen Weise, die zu nichts führt. Viele Anfänger, die sich darüber klar werden, wieviel ausgedehnte, yinne Nahrung sie früher zu sich genommen haben, begehen den Fehler, zu yang essen zu wollen: Einige Male in der Woche gebackenen Buchweizen mit Gomasio oder lang gekochtes Gemüse mit viel Tamari. Sie irren sich noch mehr, wenn sie dies mit einer Apfeltorte oder ähnlichem wieder ausgleichen wollen. Selbst dann, wenn es sich dabei um eine zuckerfreie Apfeltorte handelt. Sie glauben dann: Das sind Früchte, also yin. Aber bei allem Fruchtgebäck ist das nur ein Teil der Wahrheit. Brot und Süßgebäck enthalten nämlich viel mehr Salz als Du schmecken kannst. Außerdem ist es lange gebacken und bei sehr hohen Temperaturen. Sowohl Brot als auch Süßgebäck wirken dadurch eher yang als yin. Überlege doch, wieviel Durst Du bekommst, wenn Du nach Wochen der Enthaltsamkeit die ersten Scheiben Brot ißt. Es gibt auf diese Weise viel zu lernen, vor allem aber viel am eigenen Leibe zu erfahren.

Wenn Du über Deine Ernährung einen Akzent auf Dein eigenes Funktionieren in Deiner eigenen kleinen Welt legen willst, mußt Du Dich zunächst fragen, was genau Du erreichen möchtest. Hast Du z. B. eine Büroarbeit mit wenig spannenden Augenblicken, um Dich zu aktivieren, dann kannst Du Dich ruhig ein wenig yanger ernähren, um aktiv zu werden. Aber paß auf, wenn Du so aktiv wirst, daß Du es hinter Deinem Schreibtisch nicht mehr aushalten kannst. Dann ist wieder etwas yinnere Ernährung angesagt. Auf der anderen Seite braucht man jemanden, der durch einen hektischen und dynamischen Beruf schon aktiv ist, nicht auch noch mit yangerer Nahrung zu aktivieren. Für solch einen Menschen ist yinnere Nahrung wesentlich besser.

Das Obenstehende ist vor allem für die Langzeitwirkung gedacht. Kurzfristig wollen wir Dir vor allem noch empfehlen, einige Stunden vor dem Zubettgehen nicht mehr zu essen und dann schon gar keine yange Nahrung. Ein Spiegelei mit Salz oder eine Frikadelle aktivieren Dich derart, daß Du nicht mehr einschläfst. Nimm — falls nötig — zum Einschlafen lieber ein Glas warmen Apfelsaft oder so etwas zu Dir.

Einfluß der Ernährungswahl

Ernährung entsprechend der makrobiotischen Richtlinien auf der Grundlage von ganzen Körnern, Hülsenfrüchten oder Samen und Gemüse verbessert allmählich Deine geistigen Fähigkeiten. Das kommt daher, daß es genau die Art der Ernährung ist, mit der wir uns im Laufe der Geschichte zu denkenden Menschen entwickelten. Völlige Enthaltsamkeit von tierischer Ernährung macht Dich auf die Dauer spiritueller und/oder religiöser. Ernährst Du Dich dann auch noch mehr von Rohkost und Früchten, so wirst Du — außer passiver — auch ästhetischer.

und empfindsamer. Legst Du dagegen die Betonung mehr auf eiweißhaltige Produkte und ißt Du ab und zu auch noch tierische Nahrung, so wirst Du sachlicher. Sehr viel von allem essen, einschließlich tierischer Nahrung, macht Dich für schwere körperliche Arbeit geeignet. Die große Masse pflanzlicher Kohlehydrate gibt das benötigte Durchhaltevermögen. Die eher eiweißreiche Nahrung, vor allem tierischer Herkunft, befähigt Dich zu Kraftexplosionen eines Raubtieres.

Wenn Du aus Spaß eine Sportart ausübst, kann Dich die Ernährung nach makrobiotischen Richtlinien dabei unterstützen. Insbesondere Langstreckenläufer ernähren sich heute mehr und mehr nach unseren Vorstellungen, ohne jemals dieses Buch gelesen zu haben. Bei einem Sport, der wahrhafte Kraftexplosionen erfordert, kannst Du eventuell häufiger leicht aufzunehmende, eiweißreiche Produkte essen, wie Seitan, Tofu und Tempeh. Betreibst Du Hochleistungssport, dann hat die Bereicherung Deines Speisezettels mit tierischer Nahrung wahrscheinlich Vorteile. Die Frage, ob das zu der natürlichen Küche paßt, beantworten wir mit der Gegenfrage, ob Du Spitzensport vielleicht natürlich findest. Wir jedenfalls nicht.

Nie alles gleichzeitig

Das oben Gesagte heißt natürlich nicht, daß ein guter Schnelläufer kein Gefühl für Schönheit haben könnte. Er könnte bereits von Natur aus darüber verfügen. Wir wollen damit nur zum Ausdruck bringen, daß Du beide Eigenschaften nicht mit der gleichen Nahrung optimal weiterentwickeln kannst. Du mußt also immer eine Wahl treffen. Wenn Du essen willst, um irgendwann einmal ein großer spiritueller Denker zu werden, dann geht das nur auf Kosten Deiner Leistungen beim 100-Meter-Lauf. Eine gleichzeitige Entwicklung in zwei entgegengesetzte Richtungen gibt es nun einmal nicht. Das beste Mittelmaß ist einfach die Ernährung nach unseren Vorschlägen.

Die Organisation in Deiner Küche

Sorge dafür, daß Deine Küche oder Kochecke immer einigermaßen sauber ist. Laß den Abwasch nicht zu lange stehen. Nichts ist so ärgerlich wie eine Küche, in der Du keinen Platz hast, um etwas abzustellen, weil überall schmutziges Geschirr herumsteht.

Sorge weiterhin für eine logische Anordnung Deiner Geräte: Alle Töpfe und Deckel zusammen, Besteck in einem Besteckkasten, hölzerne Küchengeräte zusammen. Verwahre Hilfsmittel wie Topflappen, Gaszünder und Streichhölzer dort, wo Du sie brauchst: In der Nähe des Gasbrenners oder des Herdes. Hänge Deine Schürze an eine auffällige Stelle, damit Du nicht vergißt, sie umzubinden.

Solltest Du kein fließendes Wasser haben, kannst Du auch sehr gut mit zwei sauberen Plastikeimern mit je fünf Litern Inhalt arbeiten. Du füllst den einen Eimer mit sauberem Wasser, hängst den Schöpflöffel und Deinen Meßbecher hinein und in dem anderen Eimer sammelst Du das Schmutzwasser. So brauchst Du nur einmal pro Mahlzeit zum nächsten Wasserhahn zu laufen. Nach dem Kochen kannst Du in den jetzt leeren Eimern sogar noch abwaschen.

Verwahre Essensreste in sauberen Schälchen, die Du mit einer Sushimatte, einem Deckel oder einem Abdeckhütchen zudeckst, um Ungeziefer und Mäuse fernzuhalten. Schließe jedoch nicht alles völlig luftdicht ab. Es ist besser, wenn der Inhalt der Schälchen noch ein wenig ausdunsten kann. Du kannst dazu kleine Löcher in die Abdeckung machen.

Die Wahl einer Mahlzeit

Überlege Dir rechtzeitig, was Du Dir gerne zu essen machen willst: Kommst Du zu spät nach Hause und mußt Du anschließend wieder weg, oder bekommst Du vielleicht Besuch? Soll es ein Menü werden, das sehr schnell fertig ist und auf Grundlage Deiner Hausvorräte zubereitet ist? Welche Reste hast Du noch übrig, die zuerst gegessen werden müssen? Hast Du abends oder morgens Kombu-Meeresalgen, Getreide oder Hülsenfrüchte eingeweicht? Gibt es in Deinem Naturkostladen frisches Gemüse, und kommst Du dort noch vor Ladenschluß vorbei? Erst die letzte Frage ist: Worauf hast Du heute besonders Lust?

So gehst Du mit Deiner Zeit und Deinem Geld am sinnvollsten um. Um Dir bei der Wahl Deines Menüs etwas zu helfen, findest Du hinten in diesem Buch vier Beispiele mit täglichen Menüs für drei Mahlzeiten für je eine Woche im Frühjahr, im Sommer, im Herbst und im Winter.

Stelle als erstes alle Reste voriger Mahlzeiten, die Du noch verbrauchen willst, auf der sauberen und aufgeräumten Anrichte bereit. Welches Gemüse muß zuerst gegessen werden? Hast Du frisches Gemüse gekauft? Oder hast Du Wurzelgemüse mit schönem Laub gekauft, das Du besser gleich verwenden könntest? Entscheide Dich und lege das betreffende Gemüse bereit.

Frag Dich anschließend, wieviel Zeit Du zum Kochen, zum Essen, zum Aufräumen und zum Abwaschen hast. Die verfügbare Zeit bestimmt nämlich vor allem die Wahl des Getreides und der Hülsenfrüchte. Die Kochzeit ist im allgemeinen die gleiche wie die gesamte Zubereitungszeit einer Mahlzeit. Wähle daher ein Getreide mit einer etwas längeren Kochzeit an Tagen, an denen Du diese Zeit auch wirklich hast (z. B. am Wochenende). Um so öfter kannst Du dann in der Woche etwas schnell kochen. Zugleich mit dem ein wenig länger kochenden Getreide kannst Du auch Hülsenfrüchte fertig.

Mache von länger kochendem Getreide immer genügend große Portionen für einige Mahlzeiten zugleich fertig, und zwar sowohl für Hauptmahlzeiten als auch fürs Frühstück. Das ist nicht nur bequemer, sondern auch viel leckerer. Zu kleine Getreideportionen entwickeln nämlich nie den ganzen Geschmack und die Substanz einer größeren Portion. Bei Hülsenfrüchten ist Dein täglicher Verbrauch so gering, daß es sehr vernünftig ist, ein bißchen mehr zu machen. Du ißt notgedrungen allerdings ein paar Tage hintereinander das gleiche Getreide und die gleichen Hülsenfrüchte. Aber Du wirst schon bald feststellen, daß das überhaupt nichts ausmacht. Du kannst die Reste an den folgenden Tagen immer auf andere Arten verarbeiten und kombinieren. Die vier genannten Beispiele zeigen Dir eine ganze Reihe von Möglichkeiten. Wenn Du Dich sowieso für ein lange kochendes Getreide entscheidest, kannst Du Dir auch gleich die Zeit nehmen, eine Suppe und ein Dessert fertigzumachen, eventuell auch das wieder für mehrere Tage.

Hast Du dagegen sehr wenig Zeit, dann kannst Du ein schnell kochendes Getreide wählen oder Dich für reine Resteverwertung entscheiden, jedenfalls, wenn Du genügend Reste hast. Bei einem kurz kochenden Getreide bleibt zu wenig Zeit, um auch noch Hülsenfrüchte machen zu können. Wenn Du davon nichts mehr übrig hast, machst Du stattdessen Samen. Zu solch einer Mahlzeit gehört dann auch eine rasche Gemüsezubereitung wie etwa kurz blanchierter Salat. Eine Suppe auf Basis des Blanchierwassers ist ebenso rasch gemacht wie früher eine Fertigsuppe. Die Beispiele in diesem Buch enthalten auch mehrere solcher „Schnellgerichte".

Schließlich mußt Du Dich noch fragen, wie das Wetter aussieht, ist es kalt oder warm, in welcher Stimmung bist Du, passiv oder aufgedreht? Danach legst Du fest, ob Du Deiner Mahlzeit einen yangen Akzent geben mußt, indem Du z. B. das Getreide vor dem Kochen röstest, mehr Getreide und weniger Gemüse ißt, eher Wurzelgemüse nimmst, eine etwas yangere Gemüsezubereitung wählst usw. Eine etwas yinnere Mahlzeit erhältst Du, indem Du mehr Gemüse und weniger Getreide nimmst, sowie den Akzent eher auf Blattgemüse statt auf Wurzelgemüse legst. Außerdem entscheidest Du Dich dann für die etwas yinnere Gemüsezubereitung.

Eine Hauptmahlzeit mit Nachgericht auf zwei Flammen

Für eine etwas ausgedehntere Mahlzeit mit Suppe und Nachtisch und außerdem noch mit Soße und einem gebratenen Teil, kannst Du das untenstehende sehr allgemeine Arbeitsschema nutzen. Mit ein bißchen Geschick brauchst Du dabei nur zwei Flammen.

Fang mit dem Gericht an, daß die längste Vorbereitungszeit hat: Fast immer sind das Getreide und die Hülsenfrüchte. Diese kommen zusammen in einen Druckkochtopf, das Getreide auf den Boden und die Hülsenfrüchte in den ungelochten Einsatz. Eventuell kannst Du sogar noch ein länger kochendes Gemüse wie etwa Rote Bete in einer eigenen feuerfesten Schale in den Einsatz mit hinein setzen. Damit ist dann nur eine Flamme während der gesamten Zubereitungszeit Deiner Mahlzeit belegt.

Auf der anderen Flamme machst Du hintereinander den Nachtisch, das Gemüse, die Suppe und schließlich noch die Soße oder den gebratenen Teil der Mahlzeit fertig. Der Nachtisch kann dann noch ausreichend abkühlen und eventuell fest werden. Das Gemüse wirst Du — je nach Zubereitungsart — vielleicht noch warm halten müssen, während Du noch mit der Suppe beschäftigt bist.

Blanchiertes oder gedämpftes Gemüse, woraus Du später doch Salat machen willst, darf aber ruhig abkühlen. Bei gekochtem Gemüse dagegen ist es sinnvoll, es rasch zum Kochen zu bringen und dann leicht bis knapp vor der „Garzeit" weiterkochen zu lassen, also wenn es noch nicht richtig weich ist. Dann nimmst Du den Topf von der Flamme und hältst ihn so gut wie möglich warm. Du kannst ihn dazu vielleicht auf den Getreide- oder den Suppentopf setzen. Als allerletzte Möglichkeit bleibt Dir dann immer noch die Kochkisten-Methode: Indem Du z. B. den Gemüsetopf in Zeitungen verpackt zwischen die Kissen Deines Bettes legst. Hast Du mehrere Flammen zur Verfügung, dann verlegst Du die Gemüsezubereitung einfach weiter zurück, zeitgleich also mit der Suppe, der Soße oder dem Gebackenen.

Direkt nach der Mahlzeit triffst Du die notwendigen Vorbereitungen für das Frühstück des nächsten Tages. Die Reste, zusammen mit diesem Frühstück, müssen anschließend so rasch wie möglich aus der warmen und feuchten Küche an einen kühlen Ort gebracht werden, z. B. in den Flurschrank oder auf den Balkon.

Während des Kochens spülst Du sofort die benutzten Küchengeräte so gut wie möglich ab und räumst alle Zutaten fort, die Du nicht mehr benötigst. So hast Du Platz, Du behältst die Übersicht und Du sparst noch Zeit beim Abwaschen. Wenn Du kein fließendes Warmwasser hast, kannst Du das Abwaschwasser schon während des Essens aufsetzen, z. B. in den Topf für die Suppe, auf den Du wieder den mit Wasser gefüllten Gemüsetopf setzt. Natürlich kannst Du auch den leeren Druckkochtopf nehmen. Versuche, so viel wie möglich gleich nach der Mahlzeit abzuwaschen, dann können die Essensreste gar nicht erst antrocknen.

Sollte Dein Getreide einmal anbrennen, weichst Du den Topf mit dem angebrannten Rest für einige Stunden in Wasser ein. Anschließend kannst Du die Kruste meist ohne Mühe (und ohne Kratzen) mit einem Holzschieber entfernen. Solange etwas „Angebranntes" noch nicht richtig schwarz ist und verbrannt schmeckt, kannst Du es prima für die Suppe am nächsten Tag gebrauchen.

Allgemeines Arbeitsschema

Alle Details der auf der nächsten Seite genannten Zubereitungsmethoden sind in den folgenden Kapiteln beschrieben. Es geht hier allein um eine geeignete Reihenfolge der verschiedenen Arbeiten:

1) Getreide waschen.

2) Hülsenfrüchte waschen.

3) Eventuell rösten (an kalten winterlichen Tagen).

4) Getreide und Hülsenfrüchte aufsetzen.

5) Nachtisch vorbereiten und aufsetzen.

6) Gemüse waschen und vorbereiten.

7) Gemüse kochen, z. B.:

blanchieren, in frisch kochendem Wasser oder in Suppe von gestern;

dünsten; vielleicht hast Du noch ein übriggebliebenes halbgares Blatt Kombu-Meeresalgen, das Du auf den Boden legen kannst;

kochen;

dämpfen; über kochendem Wasser, kochendem Getreide oder kochender Suppe in einem Topf, einem Sieb oder lose über dem Getreide;

braten, schmoren;

backen (eher für winterliche Tage).

8) Nachtisch in Schälchen füllen, für mehrere Tage.

9) Wakame-Meeresalgen für die Suppe einweichen.

10) Suppengemüse säubern und schneiden.

11) Eingeweichtes Wakame schneiden.

12) Wasser mit Suppengemüse und Wakame zum Kochen bringen: verwende vor allem immer das Wakame-Einweichwasser, das Blanchierwasser des Gemüses, eventuell übriges Bohnenkochwasser usw.

13) Reste, Getreide, Angebranntes usw. zur Suppe geben.

14) Gemüse auf die Suppe setzen.

15) Soße oder Gebackenes vorbereiten.

16) Suppe mit Miso abschmecken.

17) Soße oder Gebackenes auf die Flamme setzen.

18) Gemüse auf die Soße setzen oder warm halten.

19) Suppe essen.

20) Soße abschmecken.

21) Auf Teller geben.

22) Wasser für den Abwasch aufsetzen.

23) Essen.

24) Vorbereitungen für Frühstück des folgenden Tages treffen.

25) Reste wegräumen.

26) Eventuell Frühstück für den nächsten Tag kochen.

27) Abwaschen.

28) Aufräumen.

Frühstück für den folgenden Tag

Im dem angeführten Schema haben wir die Vorbereitung vom Frühstück des nächsten Tages direkt hinter die Hauptmahlzeit (abends) gelegt. So brauchst Du nur einmal am Tag richtig in der Küche zu arbeiten, wodurch Du dann sehr effizient vorgehen kannst. Ob das für Dich der richtige Augenblick ist, hängt von Dir und Deinem Tagesrhythmus ab. Wir gehen jedoch stillschweigend davon aus, daß Du tagsüber arbeitest, daher den ganzen Tag außer Haus bist. Du hast aller Wahrscheinlichkeit nach morgens nur wenig Zeit, um ein Frühstück zu machen, und eventuell willst Du auch noch ein qualitativ hochwertiges Essen für die Arbeit oder unterwegs mitnehmen. Auch in den vier wöchentlichen Beispielschemata hinten im Buch sind wir davon ausgegangen. Falls es auf Deine Situation nicht zutrifft und Du tagsüber regelmäßig zu Hause bist, bist Du natürlich in der Zeiteinteilung unabhängiger.

Wenn es nötig ist, kannst Du während des Abwaschs bereits wieder einen Getreidebrei zum Frühstück für den nächsten Tag kochen. Dann

brauchst Du ihn nur noch aufzuwärmen. Der gleiche Getreidebrei ist übrigens auch als Grundlage für Nachtische geeignet. Du solltest also am besten gleich ein wenig mehr davon machen. Rezepte, die sich für Frühstück und Nachtisch eignen, findest Du in den folgenden Kapiteln. Vom Frühstück ißt Du einen Teil eines solchen Getreidebreis, wahlweise herzhaft (yanger) oder süßer (yinner). Details findest Du bei den Rezepten. Du kannst übrigens auch morgens früh, während Du Dich anziehst, noch sehr gut frischen Getreidebrei kochen.

Wenn Du abends nach dem Essen keine Zeit mehr zu haben glaubst, um den Abwasch zu machen, so kannst Du natürlich auch das Frühstück kochen, während Du ißt. Abwaschen kannst Du dann am nächsten Morgen. Den Tag mit einer Suppe zu beginnen, ist für die meisten Leute neu, aber sehr lecker. Wenn Du abends genügend davon gemacht hast, brauchst Du am nächsten Morgen nur noch eine Tasse voll aufzuwärmen und mit etwas Miso abzuschmecken. Wenn Du Dir die Zeit dazu nimmst, kannst Du zum Schluß noch ein wenig frische, kleingeschnittene Gartenkräuter hinzugeben. Suppe und Getreidebrei lassen sich übrigens auch gut zu einer dicken Getreidesuppe kombinieren, die Du mit allerlei Getreideresten machen kannst. Es gibt Möglichkeiten noch und noch. Siehe die Beispiele hinten im Buch, aber entwickle auch ein wenig eigene Phantasie.

Ein Frühstück auf der Grundlage von Gemüsesuppe mit Miso und Getreidebrei, z. B. mit geröstetem Sesam oder Sonnenblumenkernen, enthält alle Komponenten, die eine vollständige makrobiotische Mahlzeit haben muß: Getreide, Samen, Gemüse und ein Fermentationsprodukt. Oft jedoch werden aus praktischen Gründen eine oder vielleicht auch mehrere der Komponenten in Deinem Frühstück fehlen. Das mußt Du bei der Planung Deiner Abendmahlzeit berücksichtigen und nötigenfalls kompensieren.

Beim Mittagessen, das Du eventuell auch mit zur Arbeit nehmen willst, hältst Du Dich der Einfachheit halber an Deine Hauptmahlzeit. Du mußt dann für gut schließende Töpfe und Behältnisse sorgen, in denen Du Getreide, Hülsenfrüchte und Gemüse transportieren kannst. In hermetisch schließenden Kunststoff-Behältern kannst auf diese Weise sogar Suppe mitnehmen. Ein Behältnis füllst Du mit Getreide und die anderen mit Gemüse, worauf Du eine dünne Schicht Hülsenfrüchte bringst. Dann hast Du ein Essen, das den Empfehlungen dieses Buchs entspricht. Diejenigen, die sich noch an kaltes Getreide gewöhnen müssen, können als Zulage ein kleines Röhrchen mit geröstetem Sesam, Gomasio oder einem anderen Geschmacksverfeinerer mitnehmen.

Ein solche Mahlzeit mit Bechern und Töpfen, wobei auch Gabel und Löffel notwendig sind, ist nur für Menschen geeignet, die sitzend essen, z. B. in einer Kantine, im Zug oder im Büro. Ißt man draußen im Gehen, so sieht das schon schwieriger aus. Wir wollen voranstellen, daß wir die Kombination von Gehen und Essen nicht empfehlen. Doch wenn Du den ganzen Tag im Haus sitzen mußt und das Wetter schön ist, können wir uns sehr gut vorstellen, daß Du gerne draußen essen möchtest. Für Tage, an denen Du das vorhast, kannst Du am einfachsten nach der Abendmahlzeit Ballen aus abgekühltem Getreide dieses Abends kneten, die Du dann wieder mit übriggebliebenen Bohnen, restlichem Gemüse von diesem Abend oder eingelegtem Gemüse füllen kannst (Details findest Du bei den Getreiderezepten).

Eine andere praktizierbare Zubereitung für solche Mahlzeiten ist die Nori-Rolle (Seite 137). Getreideballen und Nori-Rollen kannst Du in einem kleinen Körbchen mit Deckel mitnehmen, worin Deine Mahlzeit noch ein wenig „atmen" kann. Du kannst problemlos davon abbeißen.

Die nächste Hauptmahlzeit. Schlüsselbegriff: Resteverwertung

Wir haben immer empfohlen, bei den Grundnahrungsmitteln mit Portionen für mehrere Mahlzeiten zu arbeiten. Dadurch steht die Zubereitung der meisten Mahlzeiten im Zeichen der Resteverwertung. Mit dem notwendigen Geschick und ein wenig Sinn für Abwechslung kannst Du dann auf Grundlage einer einzigen Zubereitung einen Kochplan für mehrere Tage entwickeln, der dennoch genügend Abwechslung bietet. Lediglich der erste Abend kostet ein wenig mehr Zeit, während Du an den übrigen Tagen meist sehr schnell fertig bist. Da es gerade am Anfang nicht so einfach ist, Dir vorzustellen, wie das funktioniert, haben wir gerade in den vier Beispielen hinten in diesem Buch darauf besonders Wert gelegt. Sie haben nicht so sehr die Absicht, zu zeigen, wie Du aufwärmst, sondern wir wollen vielmehr vor Augen führen, welche Möglichkeiten es für längerfristige Essensvorbereitungen gibt. Durch deren sinnvolle Ausnutzung ist ein Einpersonen-Haushalt bei weitem nicht so zeitraubend wie man oft denkt.

Getreide und Getreideprodukte

Getreide waschen

In unserer Klimazone gibt es nur eine einzige Getreideernte pro Jahr. Nach der Ernte werden die Körner aus der Ähre gelöst und möglichst kurz vor der Lieferung an den Kunden geschält (Schale ist die unverdauliche, harte, natürliche und schützende „Verpackung"). Das geschieht z. B. zwischen Mühlsteinen oder zwischen weichen Gummirollen. Zwischen Ernte und Auslieferung wird das Getreide zunächst in Silos und dann in Säcken gelagert. Je mehr Zeit vergeht und je mehr Arbeiten mit dem Getreide verrichtet werden, desto schmutziger kann es werden. Du solltest es daher vor der Verwendung immer waschen, vor allem, wenn es älter ist und die neue Ernte bevorsteht. Getreide wäschst Du in einem großen Topf mit reichlich Wasser. Bewege alle Körner mit der Hand im Kreis herum, wonach Du vorsichtig das Wasser mit allen Schalenresten, Getreidekörnern usw., die oben treiben, abgießt. Erst zum Schluß hältst Du das große Sieb darunter. Solch schwimmende Körner sind meist nicht gut geschält. Doch Körner können auch dann treiben, wenn sie von Insekten angefressen sind. Indem Du diese Behandlung mehrmals wiederholst — immer mit sauberem Wasser — entfernst Du allen Schmutz und alle hohlen Körner einschließlich des Ungeziefers. Das Getreide ist erst sauber, wenn das Wasser klar bleibt. Gieße dann das Getreide in ein großes Sieb, damit es abtropfen kann. Anschließend kannst Du den Topf ausspülen und für das Kochen des Getreides benutzen. In der Praxis brauchst Du etwa dreimal frisches Wasser (bei Gerste mehr).

Getreide kochen

Wir behandeln das Getreide in der Reihenfolge der Häufigkeit, in der Du es essen kannst: Also am häufigsten brauner Reis, etwas weniger oft Gerste usw. Leider kommen dabei die Getreidearten und -produkte, die am schnellsten gar sind, erst am Ende. Diese solltest Du jedoch nicht so oft essen wie Reis oder Gerste. Von allen anschließend behandelten Getreidearten brauchst Du ungefähr 100 ccm; bei den meisten Getreidearten sind das ca. 80 g für eine einzige Mahlzeit. Arbeite daher in der Praxis immer mit 300 bis 400 ccm Getreide gleichzeitig.

Es ist übrigens nichts dagegen einzuwenden, Getreide miteinander zu kombinieren, sei es, indem Du verschiedene Arten in einem Topf zusammen kochst (etwa Reis mit Gerste), indem Du sie nach dem Kochen miteinander vermischst (etwa Reis mit Buchweizen) oder indem Du sie zusammen backst (etwa Nudeln mit Bulgur).

Brauner Reis

Der Reis, den Du im Naturkostladen findest, ist weniger weit veredelt (also natürlicher) als die meisten anderen Getreidearten, z. B. Weizen. So paßt der französische biologische Reis in der Praxis wahrscheinlich besser zu Deinem Körper als der meiste biologische Weizen aus unserem Land. Das hochveredelte Saatgut dazu wird nämlich jedes Jahr wieder frisch aus den USA importiert. Daher ist eine Ernährung auf der Grundlage ganzer Körner von braunem Reis oftmals um so vieles besser als eine Ernährung auf Grundlage von Hefe- oder sogar Vollkornbrot. Das merkst Du vor allem dann, wenn Du einen empfindlichen Darm hast oder erst vor kurzem zu einer Diät mit besonderem Gewicht auf Getreide und Produkten daraus übergegangen bist.

Im Sommer, der Zeit der eher ausgedehnten, yinnen Produkte, entscheidest Du Dich für halblangen Reis, im Winter nimmst Du runden.

Brauner Reis im Drucktopf

Nimm anderthalb mal soviel Wasser wie Reis für trockenen oder zweimal so viel Wasser für feuchteren Reis. Gib eine Prise Meersalz hinzu und schließe den Deckel. Bringe den Topf auf hoher Flamme auf Druck. Wenn Dein Topf verschiedene Einstellungen hat, nimmst Du die höchste Einstellung. Dämpfe anschließend die Flamme, so daß Dein Topf für wenigstens 45 Minuten unter Druck bleibt. Du mußt dazu eventuell einen Flammenverteiler benutzen. Öffne den Topf erst, wenn er nicht mehr unter Druck steht (von alleine oder unter kaltem Wasser).

Brauner Reis ohne Druck

Nimm mindestens doppelt so viel Wasser wie Reis, gib Meersalz hinzu und bringe den Topf auf großer Flamme zum Kochen. Reduziere die Hitze und lasse den Reis noch für ca. 60 Minuten leicht weiterkochen.

Reisbrei

Nimm fünfmal so viel Wasser wie Reis und eine Prise Meersalz. Bringe den Topf auf großer Flamme zum Kochen und lasse den Reis für wenigstens anderthalb Stunden weiterkochen. Das ist ein leckeres Frühstück, z. B. mit ein wenig geröstetem Sesam oder Gomasio (Seite 122).

Reisbrei aus garem Reis

Nimm doppelt soviel Wasser wie übriggebliebenen garen Reis und lasse beides zusammen noch für 10 Minuten leicht weiterkochen. Das ist ein gutes Rezept für Dein Frühstück und Dessert.

Reis mit Bohnen oder Samen vermischt

Beim Kochen des Reis kannst Du eventuell etwas Linsen, Adukibohnen, (gerösteten) Sesam oder Sonnenblumenkerne mitkochen. Wenn Du Bohnen hinzugibst, mußt Du noch zusätzlich dreimal soviel Wasser wie Bohnen dazugeben. Weiterhin gehört noch ein Stück Kombu-Meeresalge von ca. 5 bis 10 cm Länge dazu..

Getreideeintopf mit Reis und Hülsenfrüchten

Mische verschiedene Arten von Getreide und Hülsenfrüchten. Lege die ausgedehntesten, yinnen Produkte möglichst nahe an die Hitze und die mehr zusammengezogenen, yangeren Produkte Schicht um Schicht darüber, je nach Bedarf. Unten befinden sich also die größten Hülsenfrüchte (mit einem Stück Kombu-Meeresalge, Bohnenkraut usw., siehe ,,Hülsenfrüchte kochen", Seite 112). Lege darüber zunächst das längere, ausgedehntere (yinnere) Getreide und schließlich das rundere, zusammengezogenere (yangere) Getreide wie etwa rundem Reis.

Die benötigte Wassermenge mit ein wenig Meersalz hängt von der Menge der einzelnen Zutaten ab. Details hierüber findest Du im Zusammenhang mit den betreffenden Produkten. Die Kochzeit des Ganzen wird in erster Linie vom Getreide oder den Hülsenfrüchten mit der längsten Garzeit bestimmt. Der beste Getreideeintopf wird unter Druck gekocht. Der praktische Vorteil dieses schichtweisen Aufbaus ist der, daß die Hülsenfrüchte durch das schwere, yangere Getreide unter Wasser gehalten werden. Wenn Du Dich nicht daran hältst, drückt das Getreide die Hülsenfrüchte beim Kochen aus dem Wasser und sie werden nicht gar. Willst Du den Eintopf später mit Miso und gehackten frischen Gartenkräutern verfeinern, darfst Du nur sehr wenig Salz verwenden.

In Öl vorgerösteter Reis

Wenn Du gewaschenen Reis zunächst röstest, wird er nach dem Kochen körniger. Röste den Reis unter dauerndem Rühren mit einem Holzlöffel in einem leicht eingeölten Topf auf großer Flamme. Wenn der Reis nach 5 bis 10 Minuten ein wenig nussig duftet, ist er gut und Du kannst ihn kochen. Gerösteten Reis kochst Du am besten ohne Druck. Sowohl Rösten als auch unter Druck Kochen würden den Reis zu yang machen. Das ist höchstens in harten Wintern sinnvoll. Du kannst die Kochzeit des gerösteten Reis um die Zeit des Röstvorgangs kürzen. Beim Rösten in Öl kannst Du Gemüse wie Zwiebeln, Porrée oder Sellerie mitbräunen und später auch mitkochen. Da der Reis auch trocken ausgezeichnet geröstet werden kann, ist Rösten in Öl eine eher „luxuriöse" Zubereitungsweise, die höchstens gelegentlich zur Anwendung kommt.

Trocken vorgerösteter Reis

Der gewaschene Reis wird dabei nicht in einem leicht eingeölten, sondern in einem trockenen Topf geröstet. Weiter gehst Du genauso wie beim in Öl vorgerösteten Reis vor.

Reisbällchen

Knete mit feuchten Händen runde, feste Bällchen in der Größe eines Pingpong-Balles aus übriggebliebenem garem Reis. Wenn sie fest genug sind, kannst Du mit Deinem kleinen Finger ein Loch hineinbohren und dieses mit Bohnenresten oder gekochtem oder gepökeltem Gemüse füllen. Eine kräftigere, yangere Füllung bewahrt ein solches Reisbällchen längere Zeit vor dem Sauerwerden. Falls Du für einen größeren Zeitraum Reisbällchen zubereiten willst, kannst Du sie am besten mit einer Messerspitze Umepaste füllen. Nach dem Füllen machst Du sie wieder schön rund. Eventuell kannst Du sie in geröstetem Sesam (Seite 122), gerösteten Sonnenblumenkernen (Seite 120) oder Gomasio (Seite 122) wälzen oder in ein Stück geröstete Nori-Meeresalge einwickeln (Seite 137).

Gebratene Reisburger

Knete Bällchen aus garem Reis, vielleicht noch vermischt mit anderem Getreide und/oder Hülsenfrüchten. Knete eventuell ein wenig Miso und feingeschnittene Kräuter hinein. Forme die Bällchen zu platten runden Scheiben und brate sie auf beiden Seiten in der leicht geölten Bratpfanne goldbraun (siehe „Gebackene Buchweizenburger", Seite 96).

Gerste

Gerste ist ebenfalls ein Getreide, das Du sehr gut oft essen kannst. Meist stammt sie sogar aus einheimischem Anbau. Bei Gerste ist die Schale mit dem Korn verwachsen, daher muß sie immer zwischen Mühlsteinen geschält werden. Dem verdankt das Gerstenkorn sein staubig-schmutziges Aussehen, und aus diesem Grund ist auch das Reinigungswasser immer ein wenig mehlig. Außerdem sieht es sowohl roh wie gekocht beinahe wie Reis aus. Gerstenkörner weisen eine deutliche Einschnürung in Längsrichtung auf, wodurch sie wie zweigeteilt aussehen. Daher ist Gerste yinner als Reis.

Geschälte Gerste wurde früher Graupen genannt. Meist wurde dabei mehr abgeschält als nur die Schale. Zur Unterscheidung von Graupen spricht man im Naturkosthandel lieber von Gerste. Gerste muß länger gekocht werden und es ist auch etwas mehr Wasser notwendig als beim Reis. Doch im übrigen läßt sie sich genauso verwenden.

Gerste im Druckkochtopf

Nimm doppelt soviel Wasser wie Gerste. Weiter verfährst Du wie bei „Braunen Reis im Druckkochtopf" (Seite 88). Kochzeit 60 Minuten.

Gerste ohne Druck

Nimm zweieinviertel mal soviel Wasser wie Gerste. Weiter verfährst Du wie bei „Brauner Reis ohne Druck". (Seite 88) Kochzeit mindestens 1 Stunde.

Vorgeweichte Gerste

Weiche die gewaschene Gerste etwa 10 Stunden im voraus, z. B. morgens früh, ein und nimm zweieinviertel mal soviel Wasser wie Gerste. Bringe sie abends mit dem Einweichwasser sowie einer Prise Meersalz auf Druck und lasse sie eine Stunde kochen. Einweichen macht ein Getreide ausgedehnter. Daher ist dies eine yinnere, sommerliche Art der Zubereitung.

Gerstenbrei

Wie „Reisbrei" (Seite 89).

Gerstenbrei aus garer Gerste

Wie ,,Reisbrei aus garem Reis'' (Seite 89).

Vorgeweichte Gerste mit Hülsenfrüchten vermischt

Koche zusammen mit vorgeweichter Gerste (siehe oben) z. B. grüne oder Kichererbsen oder aber braune Bohnen. Weiche diese vorher mit der Gerste ein und nimm dreimal soviel Wasser wie zusätzliche Bohnen. Siehe auch unter ,,Getreideeintopf mit Reis und Hülsenfrüchten'' (Seite 89) bezüglich der Vorteile eines schichtweisen Aufbaus im Topf.

Getreideeintopf mit Gerste und Hülsenfrüchten

Wie ,,Getreideeintopf mit Reis und Hülsenfrüchten'' (Seite 89).

Trockene, vorgeröstete Gerste

Wie ,,Trockener, vorgerösteter Reis'' (Seite 90). Gebe nach dem Rösten zweieinviertel mal soviel Wasser wie geröstete Gerste und eine Prise Meersalz dazu.

Gerstenbällchen

Wie ,,Reisbällchen'' (Seite 90), besonders gut kneten.

Gebratene Gerstenburger

Wie ,,Gebratene Reisburger'' (Seite 90).

Rote Grütze oder Korinthenbrei mit Gerste

Nimm pro Person und Mahlzeit einen Eßlöffel (ca. 15 ccm) Gerste und 150 ccm Wasser mit einem Eßlöffel Korinthen oder Rosinen, einer getrockneten Pflaume, ein wenig Zimt, etwas getrocknete Mutee-Kräuter, eine Prise Meersalz, sowie einen ordentlichen Schuß zuckerfreien Fruchtsaft, etwa Holunderbeersaft. Lasse das Ganze mindestens eine Stunde leicht kochen. Dieser altertümliche Nachtisch wird um so schmackhafter, je länger er steht. Er ist also ideal, um bereits am Wochenende für die nächste Woche oder einen der nächsten Tage gemacht zu werden, oder einfach im voraus, wenn Du Gäste erwartest.

Hirse

Hirse ist ein Getreide, das wir augenblicklich noch überwiegend aus dem Ausland beziehen müssen, doch Jahrtausende war sie ein einheimisches Getreide. Sie ist ein hervorragendes Basisgetreide neben Reis und Gerste. Hirsekörner sind sehr kleine, runde gelbe Kügelchen. Hirse ist eher zusammengezogen, ein eher yanges Getreide, und paßt daher zur etwas kälteren Jahreszeit. Der größte Vorteil der Hirse ist ihre kurze Kochzeit.

Hirsebrei

Nimm fünfmal soviel Wasser wie Hirse und eine Prise Meersalz. Lasse das Ganze 30 Minuten leicht kochen. Zur Abwechslung kannst Du auch jetzt wieder gewaschenen Sesam oder Sonnenblumenkerne mitkochen, für einen etwas süßeren Geschmack Gertenmalzsirup, einige Korinthen oder Rosinen oder einige Früchte der jeweiligen Jahreszeit entsprechend. Das ist ein gutes Rezept für das Frühstück sowie einen Nachtisch.

Hirsebrei aus garer Hirse

Wie ,,Reisbrei aus garem Reis" (Seite 89).

Hirsepüree

Nimm dreimal soviel Wasser wie Hirse und ein wenig Meersalz. Bringe das Ganze auf großer Flamme zum Kochen und lasse es dann 30 Minuten leicht weiterkochen. Diese Zubereitung erinnert von ihrer Farbe und der Substanz her ein wenig an den Kartoffelbrei von früher.

Hirsepüree mit Gemüse vermischt

Wie ,,Hirsepüree". Eine typische Spätsommervariante erhältst Du, indem Du ein Stückchen kleingeschnittene Gurke, etwas Thymian, frische Kartoffelstücke und etwas kleingeschnittene Wakame-Meeresalge mitkochst. Wenn alles richtig gar ist, zerstampfst Du es mit einem Püreestampfer. Du kannst z. B. geröstete Sonnenblumenkerne (Seite 120) dazu essen.

Eine andere eher herbstliche Variante ist Hirsepüree mit Möhren, Zwiebeln und Wakame-Meeresalgen, wobei alles zusammen vermischt wird. Oder Hirsepüree mit kleingeschnittenen Endivien. Vermische die Endivien erst nach dem Kochen mit dem kochendheißen Püree. Die Endivien kannst Du im Frühjahr durch wilde Vogelmiere ersetzen. Im Winter schließlich kannst Du Hirsepüree mit Sauerkraut oder Weißkohl essen. Dazu legst Du den kleingeschnittenen Kohl in den letzten 10 Minuten der Kochzeit oben auf die Hirse. Nach dem Kochen wird alles vermischt. Diese Arten der Zubereitung kannst Du vielfältig variieren. Denke nur an Hirseeintopf mit Pastinak oder Kürbis.

In Öl vorgeröstete Hirse

Bringe zweimal soviel Wasser wie Hirse mit einer Prise Meersalz zum Kochen. Röste inzwischen auf großer Flamme die gewaschene Hirse unter fortwährendem Rühren mit einem Holzlöffel in einem leicht eingeölten Topf. Hirse ist dann ausreichend geröstet, wenn sie nach fünf bis zehn Minuten nussig duftet. Gebe dann die geröstete Hirse in das bereits kochende Wasser. Lasse alles zusammen erneut aufkochen. Reduziere dann die Hitze und lasse die Hirse noch 20 Minuten leicht köcheln. Diese Zubereitungsart wählst Du, wenn Du körnige Hirse möchtest. Beim Rösten kannst Du nach Belieben allerlei Samen oder Gemüse dazugeben oder mitrösten und später auch mitbraten. Da Deine Hirse auch trocken ausgezeichnet geröstet werden kann, ist das Rösten in Öl eine ,,luxuriöse" Art der Zubereitung.

Trocken vorgeröstete Hirse

Die Hirse wird nicht in einem eingeölten, sondern in einem trockenen Topf geröstet. Zur Abwechslung kannst Du gewaschenen Sesam oder Sonnenblumenkerne mitrösten und später auch mitkochen. Weiter wie bei ,,In Öl vorgeröstete Hirse".

Hirsebällchen

Wie ,,Reisbällchen" (Seite 90).

Gebratene Hirseburger

Wie ,,Gebratene Reisburger" (Seite 90).

Buchweizen

Botanisch gesehen ist Buchweizen überhaupt kein echtes Getreide, sondern der Samen einer Pflanze aus der Familie der Knöterichgewächse. Doch wegen seiner Eigenschaften kann man Buchweizen ruhig wie ein Getreide behandeln. Er wurde gegen Ende des letzten Jahrhunderts in großen Mengen bei uns angebaut, insbesondere auf weniger fruchtbaren Sandböden. Heute gibt es bei uns fast keinen Buchweizen mehr. Sogar der Buchweizen im Naturkosthandel kommt größtenteils aus Übersee, u. a. aus Kanada und Brasilien.

Buchweizenkörner sind kleine, beige Pyramiden, etwas größer als Hirse, aber kleiner als Reis. Buchweizen ist also wie auch Hirse ein eher zusammengezogeneres, yangeres Getreide und er paßt daher gut in die kalte Jahreszeit. Buchweizen kannst Du auch vorgeröstet als Kasha kaufen. Das empfehlen wir jedoch nicht. Wenn Du gerösteten Buchweizen haben willst, kannst Du ihn besser und billiger selbst rösten.

Buchweizen wird oft vor dem Kochen nicht gewaschen. Beim Waschen nimmt er nämlich ziemlich viel Wasser auf, was zu einem pappigen Resultat führt. Wenn Du körnigen Buchweizen zubereiten willst, ist es besser, ihn trocken in einem großen Sieb auszuschütten — am besten draußen im Wind. Besser ist es, den Buchweizen im Wind von einem Topf in einen anderen zu kippen. Schalen und Staub werden dann fortgeweht.

Menschen mit Hautproblemen sollten Buchweizen besser nicht zu oft essen. Buchweizen hat wie auch Hirse eine recht kurze Kochzeit.

Buchweizenbrei

Wie ,,Hirsebrei" (Seite 93). Wenn Du sowieso Brei daraus machst, spricht natürlich nichts dagegen, den Buchweizen auch auf normale Art zu waschen. Buchweizenbrei ist in 20 Minuten gar. Das ist ein gutes Grundrezept für Frühstück und Nachtisch.

Buchweizenbrei aus garem Buchweizen

Wie ,,Reisbrei aus garem Reis" (Seite 90).

Trocken gerösteter Buchweizen

Wie ,,Trocken vorgeröstete Hirse" (Seite 94). Gehe immer von ungewaschenem Buchweizen aus.

Buchweizenbällchen

Wie ,,Reisbällchen" (Seite 90).

Gebratene Buchweizenburger

Wie „Gebratene Reisburger" (Seite 90).

Süße Buchweizenburger machst Du, indem Du zuvor Rosinen oder Korinthen daruntermischst. Den Buchweizenbrei kannst Du mit Rosinen oder Korinthen auch ein wenig dicker kochen und steif werden lassen. Dann ist es möglich, einfach Scheiben abzuschneiden, die Du aufbackst. Mit Gerstenmalzsirup und Zimt zusammen reichen.

Buchweizenpfannkuchen

Siehe unter „Fritieren von Gemüse" (Seite 129). Geeignet als Nachtisch.

Hafer

Hafer, das Getreide mit dem höchsten Fettgehalt, wird bei uns angebaut. Hafer in Form von Haferflocken ist neben weißem Reis, Weizen- und Roggenmehl und Nudeln mit das einzige Getreideprodukt, dem wir in der „normalen" Küche noch begegnen. Haferflocken aus dem Naturkosthandel sehen aus wie gewöhnliche Haferflocken. Sie sind allerdings aus ganzen Körnern hergestellt. Die normalen Haferflocken werden oft aus geschälten Körnern hergestellt. Die Haferflocken aus dem Naturkosthandel sind daher wesentlich besser.

Ganze Haferkörner sehen ein wenig wie Reis aus. Sie sind lediglich etwas länger und dünner und weisen eine Längseinschnürung auf. Diese Form und der Fettgehalt machen Hafer zu einem eher yinnen Getreide. Die Farbe ist gelber als beim braunen Reis. Der einzige Nachteil des Hafers ist, daß er wirklich lange kochen muß.

Hafer im Druckkochtopf

Nimm zweimal soviel Wasser wie Hafer und eine Prise Meersalz. Bringe den Topf auf großer Flamme auf Druck (wähle den höchsten Druck). Lasse ihn wenigstens anderthalb, besser zwei Stunden leicht weiterkochen. Weiter verfährst Du wie bei „Brauner Reis im Drucktopf" (Seite 88).

Vorgeweichter Hafer

Wie „Vorgeweichte Gerste" (Seite 91) Nimm dreimal soviel Wasser wie Hafer. Koche wenigstens anderthalb Stunden — am besten im Druckkochtopf.

Haferbrei

Haferbrei wird besonders schmackhaft, wenn er im Druckkochtopf gekocht wird. Verfahre wie bei ,,Hafer im Druckkochtopf", aber nimm jetzt fünfmal soviel Wasser wie Hafer. Sehr lange leicht gekocht (zwei Stunden oder länger) ist es ein herrlicher, sämiger Brei, der im Geschmack dem Haferbrei in Vollmilch von früher in nichts nachsteht. Es ist also der Hafer selbst, der den Brei sämig macht, und nicht die Milch. Sehr lecker als Frühstück und als Nachtisch, auch mit mitgekochtem Gerstenmalzsirup oder Früchten.

Haferbrei aus garem Hafer

Wie ,,Reisbrei aus garem Reis" (Seite 89).

Vorgeweichter Hafer mit Hülsenfrüchten vermischt

Wie ,,Vorgeweichte Gerste mit Hülsenfrüchten vermischt" (Seite 91). Nimm dreimal soviel Wasser wie Hafer und Erbsen oder Bohnen.

Trocken vorgerösteter Hafer

Wie ,,Trocken vorgerösteter Reis" (Seite 90). Gebe nach dem Rösten dreimal soviel Wasser wie gerösteten Hafer und eine Prise Meersalz hinzu. Kochzeit anderthalb Stunden.

Haferflockenbrei

Dank der Vorbehandlung durch Dämpfen, Rösten, Schälen, eventuell erneutes Dämpfen, Plätten und Trocknen (meist Infrarot, siehe Teigwaren, Seite 102) sind Flocken wesentlich rascher gar als ganze Körner. Mit Flocken, Wasser und einer Prise Meersalz kannst Du ohne Druck in 15 bis 20 Minuten einen herrlichen sämigen Brei zubereiten, der im Geschmack dem Haferbrei in Vollmilch von früher in nichts nachsteht. Nimm viermal soviel Wasser wie Flocken und lasse alles leicht kochen.

Wenn Du von diesem Brei ißt, wirst Du merken, wie schwierig es ist, einen solchen Flockenbrei noch einigermaßen zu kauen (einzuspeicheln). In dieser Hinsicht ist die Zubereitung ganzer Körner natürlich besser. Verwende Flocken möglichst nur, wenn Du sehr wenig Zeit hast. Haferflockenbrei ist gut für Frühstück und Dessert geeignet.

Weizen

Weizen ist das weitaus bekannteste Getreide, doch diese Bekanntheit beruht fast immer nur auf den Produkten, die aus Weizenmehl hergestellt werden, z. B. Brot, Pfannkuchen, Griesmehl, Nudeln, Süßbackwaren und mit Mehl gebundene Soßen. Beinahe niemand nimmt heute noch ganze Weizenkörner, obwohl sie einen herrlichen und sehr eigenen Geschmack haben. Dem steht der einzige Nachteil gegenüber, daß Weizen eine lange Kochzeit von zweieinhalb bis drei Stunden hat.

Weizen ist schwerer verdaulich als das übrige Getreide. Die Eiweißbestandteile des Weizens zusammen bilden einen Klebstoff, das Gluten. Es kann bei Menschen mit empfindlichem Darm, die noch nicht an Getreidekost gewöhnt sind, allerlei allergische Reaktionen hervorrufen, wie Durchfall und Bauchschmerzen. Vor allem Babies, die erst wenige Monate alt sind, haben oft Schwierigkeiten bei der Verdauung von Weizen. An sich ist das nicht weiter überraschend, da Babies in diesem Alter nur an Muttermilch gewöhnt sein sollten. Erwachsene können durch sinnvollen Übergang zu Getreide — über Reis und Hirse — allmählich ihre Glutenallergie überwinden.

Wegen der langen Kochzeit der ganzen Körner arbeiten wir in diesem Buch nur mit Weizenprodukten. Wie wir schon gesagt haben, sind der Nährwert und die Verdaulichkeit dieser Weizenprodukte im Vergleich zu den ganzen Körnern schlechter. Das gilt besonders für Mehlprodukte und noch mehr für gebackene Mehlprodukte. Nicht umsonst reagieren Menschen, die an einer Glutenallergie leiden, in erster Linie auf Brot!

Die Form der Weizenkörner ähnelt der des Reis, doch auch Weizenkörner weisen eine deutliche Längseinschnürung auf. Weizen ist daher etwas yinniger als Reis. Darüber hinaus ist er eher von rotbrauner Farbe.

Pfannkuchen

Siehe unter „Fritieren von Gemüse" (Seite 129). Geeignet als Dessert.

Vollkorn-Natur-Sauerteigbrot

Brot ist ein klassisches Fermentationsprodukt auf Grundlage von Getreide. Es wurde seit alters her als Beilage zu einer Mahlzeit verzehrt. Wir kennen das noch als unbelegtes Brot zur Suppe. Brotmahlzeiten mit Belag sind erst in jüngster Zeit aufgekommen.

Die traditionelle Art, Brot zu bereiten, bedient sich der überall vorhandenen Hefen und weiterer Mikroorganismen aus der Luft und dem Getreide selbst. Dadurch entsteht Sauerteigbrot. Bei gutem Vollkornmehl besteht der Teig aus ungesiebtem Mehl, Wasser und Salz. Mehr nicht. Vollkorn-Sauerteigbrot ist also das natürlichste Brot, das es gibt.

Das Gärmittel des Hefebrotes ist ein auf der Grundlage von Zuckersirup gezüchteter Schimmel. Die Verdaulichkeit von Hefebrot ist nicht so gut wie die von Sauerteigbrot, doch jedes Brot ist ein Produkt aus gebackenem Mehl mit all den entsprechenden Nachteilen. Verwende es daher möglichst sparsam. Gewöhne Dich daran, beim Frühstück so viele Körner wie möglich mit höchstens gelegentlich einer Scheibe Brot als Beilage zu essen. In den Beispielen in diesem Buch haben wir die Verwendung von Brot vermieden, um zu zeigen, daß es auch ohne geht.

Für den Einpersonen-Haushalt ist es auch wichtig, daß Sauerteigbrot wesentlich länger gut und genießbar bleibt als Hefebrot. Verwahre Dein Brot in einer Holzkiste oder in einer Schublade, die Feuchtigkeit aufnehmen und durchlassen kann. Zuweilen liest Du die Empfehlung, das Brot in ein feuchtes Tuch einzuschlagen, das jeden Tag angefeuchtet wird. Dann trocknet es natürlich weniger rasch aus, doch dafür schimmelt es auch eher. Das ist also nichts für Deinen Einpersonen-Haushalt, wo Du ja sehr lange mit einem Brot auskommen willst. Sogar ganz hartes Brot, das also schon Wochen alt ist, kannst Du noch gut geschmacklich aufarbeiten, indem Du es dämpfst, Scheibe für Scheibe. Schneide aus verschimmeltem Brot die befallenen Teile großzügig heraus.

Bulghur

Bulghur ist ein traditionelles Gericht aus dem mittleren Osten. Ursprünglich wurde es dadurch gewonnen, daß man ganze Weizenkörner zunächst keimen ließ, wonach der gekeimte Weizen ein oder zwei Stunden gekocht wurde. Dann trocknete man die Körner und schließlich wurden sie grob gebrochen: Dadurch entstand ein süßlich schmeckendes und sehr gut aufzubewahrendes Produkt. Das Bulghur, das im Naturkosthandel angeboten wird, hat meist eine einfachere Geschichte. Es wird hergestellt, indem man grob gebrochenen harten Weizen in Sesamöl röstet. Dank der kurzen Kochzeit ist dieses Bulghur gut für Deinen Einpersonen-Haushalt geeignet. Durch Verkleinerung der Körner ist Bulghur eher yin geworden, also etwas für wärmere Zeiten.

Gekochtes Bulghur

Bringe zweimal soviel Wasser wie Bulghur mit einer Prise Meersalz zum Kochen. Wasche das Bulghur und gebe es dann in das kochende Wasser. Bringe es erneut zum Kochen. Stelle die Flamme anschließend kleiner und lasse es anschließend 20 Minuten lang leicht weiterkochen.

In Öl vorgeröstetes Bulghur

Bringe zweimal soviel Wasser wie Bulghur mit einer Prise Meersalz zum Kochen. Röste unter fortwährendem Rühren das gewaschene Bulghur in einem schwach eingeölten Topf auf großer Flamme. Wenn das Bulghur nach 5 bis 10 Minuten zu duften beginnt, ist es fertig und Du kannst es in das kochende Wasser geben. Lasse das Ganze erneut aufkochen, schalte dann die Flamme kleiner und lasse es noch 20 Minuten köcheln. Beim Rösten kannst Du schon krautige Gemüse wie Zwiebeln, Porrée und Sellerie mitdünsten und später auch mitkochen. Du kannst auch Sesam und Sonnenblumenkerne mitrösten und -kochen.

Bulghurbällchen

Wie „Reisbällchen" (Seite 90), besonders gut kneten.

Kous Kous

Kous Kous ist ein Nationalgericht aus Marokko und Algerien. Es wird hergestellt, indem Weizenmehl sehr langsam angefeuchtet wird, wodurch es klumpt. Indem man dann fortwährend rührt, werden diese Klumpen zu kleinen, etwa gleichgroßen Bällchen geformt. Schließlich werden diese Bällchen getrocknet. Kous Kous ist also nur eine andere Form von Teigware. Am ehesten ähnelt es der Hirse, es schmeckt ausgezeichnet und ist schnell zubereitet. Doch es ist nichts als gekochtes Mehl!

Kous Kous darf genau wie Buchweizenmehl vor der Verwendung nicht gewaschen werden, da es sonst zu viel Wasser aufnehmen würde. Dadurch würde es beim Kochen pappig.

Gekochtes Kous Kous

Bringe zweimal soviel Wasser wie Kous Kous mit einer Prise Meersalz zum Kochen. Gebe das Kous Kous erst dann ins Wasser, wenn es kocht. Lasse alles noch einmal aufkochen, dämpfe dann die Flamme und lasse es noch 10 Minuten leicht köcheln. Für Variationsmöglichkeiten siehe unter „Hirsepüree mit Gemüse" (Seite 93).

Gedämpftes Kous Kous

Bringe zweimal soviel Wasser wie Kous Kous zum Kochen. Gebe das Kous Kous in den Dämpfer, setze diesen in den Topf mit Wasser. Lege den Deckel darüber und lasse das Ganze 10 Minuten leicht dämpfen. Achte darauf, daß Dein Topf nicht trockenkocht. So wird Kous Kous noch körniger. Für Variationsmöglichkeiten siehe unter „Hirsepüree mit Gemüse" (siehe Seite 93)

Kous Kous-Bällchen

Wie „Reisbällchen" (Seite 90).

Kous Kous-Trüffel

Bringe 400 ccm Wasser mit einer Prise Meersalz zum Kochen. Rühre zwei Eßlöffel (30 ccm) Karobpuder und ebenso viel Birnendicksaft hinein. Gebe 200 ccm Kous Kous hinzu, sobald alles kocht. Lass es erneut aufkochen, dämpfe dann die Flamme und lasse es noch 10 Minuten köcheln. Wenn das Kous Kous einigermaßen abgekühlt ist, formst Du daraus Bällchen, die Du in Karobpuder oder in Kokosraspel rollst. Eventuell kannst Du die Bällchen noch mit einer gerösteten Haselnuß füllen.

Kous Kous-Torte für Leute, die keinen Backofen haben

Bringe 400 ccm Wasser mit einer Prise Meersalz zum Kochen. Rühre zwei Eßlöffel Karobpulver, gleichviel Birnendicksaft und 100 ccm Korinthen hinein und gebe 200 ccm Kous Kous dazu, sobald die Mischung kocht. Lasse das Ganze erneut aufkochen und lasse es noch 10 Minuten bei geringer Hitze weiterkochen. Röste, während das Kous Kous kocht, in einer trockenen Pfanne 100 ccm Haselnüsse unter Rühren mit einem Holzlöffel und auf nicht zu großer Flamme. Hacke die Haselnüsse klein und vermische sie mit dem ein wenig abgekühlten Kous Kous. Knete noch zwei Eßlöffel Haselnußcreme hinein (das geht mit den Händen am besten). Fette die Kuchenform leicht ein und drücke die Kous Kous-Masse mit feuchten Händen hinein. Lasse das Ganze weiter abkühlen und steif werden. Hole die Torte vorsichtig aus der Form. Garniere sie mit gerösteten, gehackten Haselnüssen oder mit Kokosraspel.

Du kannst dieses Rezept auch zur Herstellung eines Bodens für einen Obstkuchen verwenden. Dazu nimmst Du besser eine Springform anstelle einer Butterkuchenform. Du machst einen Kanten-Fruchtnachtisch (Seite 138) und drapierst das auf dem Kous Kous-Boden.

Teigwaren

Im Naturkosthandel findet sich ein ganzes Sortiment von Teigwaren unter verschiedenen Bezeichnungen: Spaghetti, Makkaroni, Vermicelli, Pasta, Nudeln, Udon, Soba usw. Teigwaren werden hergestellt, indem man Mehl, Wasser und Salz miteinander verknetet. Meist handelt es sich dabei um Weizenmehl, wenn nicht gerade Mehl aus Vollkorn. Manchmal werden Eier mit dem Teig vermengt. Weiterhin wird bei bestimmten Sorten Buchweizen- (Soba), Hirse- oder Sojamehl verwendet. Nach dem Kneten wird der Teig dann ausgerollt und in Streifen geschnitten oder durch ein Mundstück gepreßt. Anschließend werden die Streifen (oder Röhrchen) getrocknet. Traditionell geschah dies in warmer Luft. Doch in modernen Fabriken findet dieser Trocknungsprozeß sehr viel rascher unter Infrarotbestrahlung statt, ebenso wie bei der Herstellung der meisten Getreideflocken. Das führt in einem gewissen Maße zum Verbrennen, wodurch das Endprodukt etwas dunkler wird. Du verstehst, daß wir empfehlen, Teigwaren aus biologischem Weizenmehl ohne Eier und luftgetrocknet zu verwenden. Teigwaren mit Eiern und auf Basis anderer Mehlsorten sind darüber hinaus oft nicht biologisch. Eier machen sie außerdem teurer. Außerdem haben wir nichts für Spaghetti, Makkaroni usw. übrig. Das ist lediglich eine Frage der Form. Ganz allgemein sprechen wir im folgenden nur von Nudeln.

Rechne pro Person und Mahlzeit mit 100 g Nudeln. Koche jedoch ruhig ein bißchen mehr, denn auch Nudeln sind hervorragend für die Resteverwertung geeignet.

Gekochte Nudeln

Nudeln kochst Du in viel Wasser, sonst können sie pappig werden. Nimm auf 100 g Nudeln einen Liter Wasser. Benutze den größten Topf, gib eine Prise Meersalz dazu und bringe es zum Kochen. Sobald es richtig kocht, gebe alle Nudeln auf einmal hinein, ohne sie zu brechen. Rühre mit einem Holzlöffel um, so daß sie nicht verkleben können, und lege dann den Deckel auf den Topf. Sobald das Wasser wieder kocht, schreckst Du die Nudeln ab, indem Du einen Schuß kaltes Wasser dazu gibst. Das wiederholst Du dreimal. Lasse die Nudeln anschließend für 10 bis 15 Minuten köcheln. Passe aber auf: Nudeln dürfen auf keinen Fall zu lange kochen. Die richtige Kochzeit hängt davon ab, was Du mit den Nudeln vorhast. Die einzige Art zu probieren, ist, eine Nudel zu kauen.

Falls Du sie sofort essen willst, müssen sie „al dente" sein, d. h., daß Du sie gerade noch kauen kannst. Das ist viel besser als wenn sie zu gar sind. Wenn es soweit ist, schöpfst Du die Nudeln in ein großes Sieb, um sie abtropfen zu lassen. Schüttle sie kräftig über dem Topf, in dem Du sie gekocht hast. Lasse das Kochwasser nicht verloren gehen, denn es ist eine ausgezeichnete Grundlage für Suppe.

Gekochte Nudeln in Brühe

Nimm für je 100 g Nudeln einen Liter Wasser, gib eine Prise Salz dazu und je Liter fünf bis zehn cm Kombu-Meeresalgen. Du erhältst das beste Ergebnis mit Kombu, das Du schon eine Nacht vorher im Nudelwasser eingeweicht hast. Weiter gibst Du noch folgendes hinzu: Eine ganze Zwiebel, einen oder zwei getrocknete Shii-ta-ke-Pilze, ein Stück Sellerie, ein Stück Lauch, ein Lorbeerblatt und eine Möhre. Lasse alles zusammen eine Stunde kochen, dann ist das Kombu gar. Schöpfe alle Zutaten aus der Brühe und koche darin die Nudeln wie oben beschrieben. Schneide unterdessen das mitgekochte Gemüse klein, schneide die Meeresalgen und die Pilze in gleichmäßige, dünne Streifen. Sobald die Nudeln „al dente" sind, schmeckst Du Deine Brühe mit ein wenig Miso oder Shoyu ab. Serviere die Nudeln in der Brühe wie eine Suppe mit sehr viel Vermicelli. Garniere mit dem Gemüse und streue ein wenig feingehackte rohe Petersilie, Schnittlauch oder dergleichen darüber.

Aufgebackene Nudeln

Gehe von „Gekochten Nudeln" (Seite 102) aus. Hole sie jetzt lediglich aus dem Wasser, bevor sie „al dente" sind, das heißt zwei Minuten früher.

Schüttele sie in einem großen Sieb aus und brate sie in einer schwach geölten Pfanne. Wende sie regelmäßig. Beim Braten werden sie noch weiter gar (achte darauf, daß sie nicht zu gar werden). Du kannst vorher etwas Gemüse dünsten und zu den Nudeln geben. Eine andere Variante ist das Braten mit Gemüse und Arame-Meeresalgen (Seite 136). Das Aufbacken von Nudeln ist eine ideale Art der Resteverwertung.

Seitan

Seitan ist ein ganz besonderes Weizenprodukt. Die Zubereitungsart stammt aus Japan. Doch schon seit mehreren Jahren wird dieses Produkt auch bei uns hergestellt, es läßt sich auch selbst herstellen. Seitan besteht vornehmlich aus Weizeneiweiß, dem Gluten. Für die Herstellung von Seitan geht man von sehr gut geknetetem Teig aus Weizenmehl und Wasser aus, der anschließend eine Stunde eingeweicht wird. Danach werden abwechselnd in heißem und kaltem Wasser das Stärkemehl und die Kleie herausgeknetet. Der übriggebliebene Eiweißklumpen wird in Stücke geschnitten, die in einer Bouillon aus Tamari-Meeresalgen gar gekocht werden. Das Produkt ist in sterilisierten Glastöpfen zu kaufen, die — solange sie nicht geöffnet werden — lange haltbar sind.

Seitan ist kein Hauptgericht, doch als Beilage vielseitig verwendbar.

Gekochtes Seitan im Gemüseeintopf

Du kannst Bröckchen von Seitan ausgezeichnet zusammen mit allerlei Gemüse kochen (siehe u. a. unter ,,Gemüseeintopf'', Seite 130).

Gebratenes Seitan

Brate nicht zu große Seitanstücke in der schwach geölten Pfanne, bis sie eine schöne Kruste haben. Du kannst dieses an sich schon herrliche gebratene Gericht dadurch verfeinern, daß Du Scheiben aus Zwiebeln oder kleingeschnittenem Gemüse oder Arame-Meeresalgen mitbräunst.

Seitan-Ragout

Brate Seitan nach dem obigen Rezept und bräune beim Braten ein wenig kleingeschittenes Gemüse wie Zwiebeln, Lauch, Sellerie, Möhren oder eine Mischung daraus mit. Vermische anschließend einen Teelöffel Arrow-Root mit einer halben Tasse Seitan-Brühe aus dem Topf. Gebe diese Mischung unter Rühren dem gebratenen Seitan hinzu.

Wenn es zu kochen beginnt, wird es plötzlich dick, es geliert. Runde es dann mit etwas feingehackten grünen Gartenkräutern ab, die Du der jeweiligen Jahreszeit entsprechend darüberstreust. Falls Du kein Öl verwenden möchtest, kannst Du die Seitanstücke für fünf Minuten im Topf mit der Brühe und dem Gemüse aufkochen. Dann verlängerst Du einen Teelöffel Arrow-Root mit drei Teelöffel Wasser zu einem Brei. Diesen gibst Du zu dem Brühe-Seitan-Gemüse-Gemisch, damit es geliert.

Mais

Mais ist eine Getreideart, die immer häufiger auf unseren Feldern zu finden ist. Überwiegend wird dieser Mais als Viehfutter angebaut. Unsere Erfahrung ist jedoch die, daß auch dieser Mais zur richtigen Zeit, von August bis Anfang September, ausgezeichnet zu essen ist. Der biologische Mais aus dem Naturkostladen ist jedoch noch wesentlich besser und auch von vertrauenswürdigerer Qualität. Die großen dicken Körner und der Fettgehalt machen Mais zu einem eher yinnen Getreide. Rechne mit einem Maiskolben je Person und Mahlzeit.

Gekochter Mais am Kolben

Entferne alle Blätter vom Kolben. Bringe ihn dann in reichlich Wasser mit etwas Meersalz zum Kochen. Lege den Deckel auf den Topf und lasse den Kolben für 20 Minuten köcheln. Knabbere bei der Mahlzeit die großen gelben Körner vom Kolben. Bewahre das Wasser und den Kolbenkern für die Suppe auf. Den Kolben selbst ißt Du nicht, nachdem Du daraus Suppe gemacht hast. Mais am Kolben kannst Du eher als Gemüse, denn als Getreide betrachten.

Roggen

Roggen ist wieder ein Getreide, das seit alters her bei uns angebaut wird. Im Naturkostladen kannst Du einheimischen biologischen Roggen kaufen. Roggenkörner sind ein bißchen länger als Reiskörner und auch sie weisen eine Längseinschnürung auf. Roggen ist also yinner als Reis. Die Farbe von Roggen ist grau-grün. Die benötigte Kochzeit für die ganzen Roggenkörner ist recht lange. Daher halten wir Roggen für den normalen Einpersonen-Haushalt für weniger geeignet. Doch wahrscheinlich wirst Du gelegentlich auch Roggenprodukte verwenden.

Roggenbrot

Wie ,,Vollkorn-Natursauerteigbrot'' (Seite 98). Es gibt allerdings auch ungegorenes Roggenbrot aus sehr grob gemahlenem Roggen (Pumpernickel). Dieses fast schwarze Brot ist eher gekocht als gebacken. Wenn ein solches Brot aus biologischem Roggen hergestellt, nicht künstlich gesüßt ist und keine Konservierungsstoffe enthält, ist es ein ausgezeichnetes Nahrungsmittel.

Hülsenfrüchte und Produkte daraus

Hülsenfrüchte sind die Früchte bestimmter Gewächse aus der Familie der Schmetterlingsblütler. (Dazu, was die Biologie genau unter Früchten und Samen versteht, mehr im nächsten Kapitel. In Abweichung davon haben wir diese Begriffe nur in der Bedeutung des täglichen Sprachgebrauchs verwendet.) Es sind langgestreckte Hülsen, in denen die Samen nebeneinander aufgereiht sind. Die Umhüllung selbst wird Scheide oder Hülse genannt. Man unterscheidet zwei Gruppen:

a) weichschalige, bei denen die Hülse ebenfalls gegessen wird (z. B. junge Palerbsen, Brechbohnen, Schnippelbohnen, Zuckererbsen);

b) hartschalige, von denen lediglich die reifen Samen nach dem Trocknen verwendet werden (etwa weiße und braune Bohnen).

Der Übergang von weichschaligen zu hartschaligen Hülsenfrüchten ist allerdings fließend. Bei den weichschaligen sind die Samen noch nicht zu voller Reife gelangt. Die Hülsen selbst sind noch weich und zart. Einen Grenzfall stellen Zucker- und Palerbsen dar, zwei Formen der gleichen Sorte. Junge Zuckererbsen werden mit Hülse gegessen. Palerbsen dagegen verzehrt man meist ohne Hülse, wenn sie möglichst jung sind. Doch die Samen (die Erbsen) sind noch lange nicht reif. Wenn sie reif sind, werden sie nur noch getrocknet als grüne Erbsen gegessen.

Alle Hülsenfrüchte werden nur einmal pro Jahr geerntet. Bei den weichschaligen heißt das, daß sie nur kurze Zeit frisch erhältlich sind.

Auf dem Land werden manche Hülsenfrüchte noch in großen Sträußen unter dem Dach zum Trocknen aufgehängt. Mit dem Ende des Sommers werden alle Samen reifer und größer und die Hülsen härter. Dann sind sie jedoch nicht mehr eßbar. Von dieser Zeit an können die Samen ausreifen, wonach die nun ungenießbaren Hülsen getrocknet und anschließend die Samen gewonnen werden, die als Wintervorrat dienen.

Hülsenfrüchte waschen

Das Waschen von weichschaligen Hülsenfrüchten erfolgt — ebenso wie beim Gemüse — indem Du sie in reichlich Wasser herumrührst und nötigenfalls das Wasser erneuerst. Wenn nötig, kannst Du sie zwischen Daumen und Zeigefinger noch ein wenig „putzen". Entferne mit einem Messer Stiele, die an den Früchten hängen.

Das Waschen getrockneter Hülsenfrüchte erfolgt im Grunde genauso wie beim Getreide. Doch bei Linsen mußt Du eine Ausnahme machen. Dazwischen finden sich häufig Steinchen. Linsen solltest Du daher am besten vor dem Waschen kurz unter einer Lampe auf hellem Untergrund, z. B. auf einem Blatt weißem Papier, ausbreiten. Dann sortierst Du so gut es geht alle Steinchen aus. Da diese Steinchen manchmal den Linsen sehr ähneln, erfordert diese Arbeit sehr viel Konzentration. Doch die Mühe lohnt sich, vor allem, wenn Du eine größere Menge Linsen nach Steinchen durchsuchst, was wesentlich effizienter ist. Anschließend kannst Du die Linsen, die Du brauchst, ganz normal waschen.

Hülsenfrüchte kochen

Es ist nicht ganz einfach, Hülsenfrüchte in Kürze nach ihrer Wichtigkeit einzuteilen. Doch können wir bei den hartschaligen Hülsenfrüchten, wie Erbsen und Bohnen, einfach voraussetzen, daß die kleineren Sorten den größeren vorgezogen werden. Die letzteren sind im Laufe der Zeit zu sehr nach Größe gezüchtet worden, weshalb sie ausgedehnt, also ziemlich yin wirken. Nimm also lieber etwas häufiger Linsen, Azukibohnen und grüne Erbsen als braune oder weiße Bohnen usw. Linsen und in geringerem Maße Azukibohnen haben auch den Vorteil, daß sie wesentlich kürzer gekocht werden können, wobei man sie nicht zuvor einweichen muß. Die weichschaligen Hülsenfrüchte können wir — ernährungskundlich — eigentlich zum Gemüse rechnen. Lediglich die Bohnen oder Erbsen innendrin rechnen wir zu den Hülsenfrüchten. Sind sie aber noch sehr klein und unreif, so solltest Du mehr von diesen Hülsen mit den kleinen Bohnen essen, um dennoch genügend Hülsenfruchtsamen aufzunehmen. Die Menge Hülsenfrüchte in unseren Empfehlungen gilt nämlich nur für die Samen der Hülsenfrüchte, die Erbsen oder Bohnen selbst. Zuweilen sind die Samen noch so klein, daß die Hülsenfrüchte besser zu den Gemüsen gerechnet werden sollten. Daher ist es nicht möglich, eine Abstufung vorzunehmen.

Wir behandeln zunächst die hartschaligen, getrockneten Hülsenfrüchte, und zwar gegliedert nach Kochzeit. Denn das ist schließlich diejenige Kategorie, mit der Du den größten Teil des Jahres über kochst. Anschließend kommen die frisch „Ausgepuhlten" und zum Schluß die weichschaligen Hülsenfrüchte an die Reihe.

Aus den Empfehlungen für eine Mahlzeit weißt Du, daß wir Hülsenfrüchte in deutlich geringerer Menge benötigen als Getreide. Bei hartschaligen getrockneten Hülsenfrüchten entspricht das etwa einem Eßlöffel getrockneter Bohnen oder Erbsen pro Mahlzeit.

Das Hartwerden der Hülsen und das Reifen der Samen darin bestimmt, wie sich die Hülsenfrüchte beim Kochen verhalten. Nimm z. B. Schnippelbohnen: Frische Schnippelbohnen werden im Sommer natürlich mit Schale gegessen, wenn die Samen also noch nicht herangewachsen sind. Sowohl Schalen als auch Samen sind dann herrlich weich und ihre Kochzeit beträgt nur 30 Minuten. Läßt Du die Schnippelbohnen jedoch reif werden, so wachsen die Samen zu richtigen weißen Bohnen heran und die Schalen werden ungenießbar. Wenn solche weiße Bohnen getrocknet sind, damit man sie gut aufbewahren kann, müssen sie 24 Stunden vor dem Kochen eingeweicht werden. Anschließend kochst Du sie rund 60 bis 90 Minuten — auch im Druckkochtopf. Je älter die Bohnen werden, desto länger die Kochzeit. Sind die gleichen Bohnen ein Jahr alt, so beträgt die Kochzeit etwa zwei Stunden. Von überjährigen Bohnen heißt es, daß sie nur schwer gar zu bekommen sind. Damit sie weich wurden, haben unsere Großmütter ein wenig Ammoniak oder Backpulver ins Wasser gegeben. Wer dies für eine traditionelle Art des Kochens hält, soll es versuchen, wir finden dies nicht.

Die beste natürliche Art, alte und getrocknete Bohnen gar zu bekommen, ist unserer Ansicht nach folgende: Einweichen, kurze Zeit ohne Salz und ohne Druck vorkochen, mit kaltem Wasser abschrecken, eventuell mehrere Male, dann Meersalz, eventuell ein Stück Kombu-Meeresalge und etwas Bohnenkraut hinzugeben, Deckel auf den Topf und kochen, mit oder ohne Druck. Sowohl Kombu als auch Bohnenkraut lassen Bohnen besser gar werden und erhöhen dadurch die Verdaulichkeit. Daher ist es besser, wenn Du Dir angewöhnst, beim Kochen von Hülsenfrüchten immer ein Stück Kombu mitzukochen und — wenn es geschmacklich angebracht ist — auch ein wenig Bohnenkraut.

Lasse einen Druckkochtopf möglichst von alleine den Druck verlieren. Wenn Du den Druck plötzlich verringerst, z. B. unter kaltem Wasser, fahren die Hülsenfrüchte buchstäblich aus der Haut. An sich ist das nicht weiter tragisch, doch es sieht nicht sonderlich appetitlich aus.

Noch ein allgemeiner Hinweis: Koche alle Deine getrockneten Hülsenfrüchte ruhig mit mehr Wasser als eigentlich erforderlich ist. Dreimal soviel Wasser wie Erbsen oder Bohnen. Davon werden sie nicht schlechter, und es bleibt eine ausgezeichnete Grundlage für Suppe oder Soße.

Linsen

Linsen erfreuen sich einer zunehmenden Beliebtheit. Sie werden (noch?) überwiegend aus Nordfrankreich und Italien importiert. Sie haben einen guten Geschmack und eine kurze Kochzeit, wobei sie nicht eingeweicht werden müssen. Es sind kleine braune oder grüne, manchmal marmorierte Linsen (es gibt auch orangefarbene Linsen, doch die sind geschält und gehören nicht in die natürliche Küche). Gute biologische Linsen aus dem Naturkosthandel haben einen Durchmesser von rund 4 mm. Beim normalen Gemüsehändler findest Du manchmal Linsen, die vielleicht zweimal so groß sind. Davon raten wir allerdings ab. Über die Suche nach Steinchen in den Linsen haben wir schon gesprochen. Nimm für mehrere Tage immer etwa 100 bis 150 ccm Linsen.

Linsen im Druckkochtopf

Bringe die Linsen in mindestens dreimal so viel Wasser wie Linsen im offenen Topf zum Kochen. Gib ein Stück Kombu-Alge von etwa fünf bis zehn cm hinzu. Füge später noch einmal Bohnenkraut hinzu und wenn Du willst, auch andere Kräuter wie Lorbeer, Basilikum, Thymian, Majoran, frisch oder getrocknet. Du kannst auch noch Gewürznelken dazu geben. Stecke sie in das Lorbeerblatt, dann lassen sie sich später leichter wieder herausfischen. Schließe den Topf, warte, bis er unter Druck steht, und lasse alles zusammen 30 bis 45 Minuten weiterköcheln. Eventuell kannst Du den Topf auch sofort schon schließen. Nach Ablauf der Kochzeit wartest Du, bis sich der Druck in Deinem Kochtopf von alleine wieder abgebaut hat. Öffne ihn und gieße das restliche Kochwasser ab, um es als Grundlage für Suppe oder Soße zu verwahren. Fische dann das Lorbeerblatt (vielleicht noch mit der Gewürznelke) und das Kombu heraus. Schneide das gare Kombu klein und gebe es wieder zu den Linsen. Wenn Du willst, kannst Du die Linsen auch noch mit ein wenig Miso geschmacklich verfeinern.

Linsen und Getreide zusammen in einem Druckkochtopf

Linsen können auch hervorragend im geschlossenen Einlegebehälter Deines Druckkochtopfes über Getreide wie Gerste, Reis und Hafer mitgekocht werden. Du fängst mit dem Getreide direkt auf dem Topfboden an und bringst es zum Kochen. Dann gibst Du die Linsen mit wenigstens dreimal so viel Wasser, das Kombu und die Kräuter (siehe voriges Rezept) in den Einlegebehälter. Nimm nicht zu viel Wasser, denn dann könnte es über das Getreide schäumen. Sobald das Getreide kocht, setzt Du den Einlegebehälter mit den Linsen auf das Dreibein über dem Getreide. Du schließt den Topf und bringst ihn — immer noch auf großer Flamme — auf Druck. Dämpfe dann die Flamme und lasse alles zusammen gerade so weit kochen, wie das Getreide braucht, um gar zu werden. Dann kochen zwar die Linsen vielleicht schon zu lange, doch das ist weniger schlimm, als wenn das Getreide zu kurz kochen würde.

Linsen ohne Druck

Wie ,,Linsen im Druckkochtopf", lediglich mit ein wenig mehr Wasser. In einem normalen Topf verdampft schließlich mehr Wasser. Darüber hinaus ist so die Kochzeit länger: Rechne mit 45 Minuten bei jungen, bis 60 Minuten bei älteren Linsen. Aber dem ist entgegenzuhalten, daß Du sie in einem normalen Topf zwischendurch auch einmal probieren kannst.

`Linsen und Getreide vermischt

Wie ,,Linsen und Getreide zusammen in einem Druckkochtopf". Fange jetzt mit den Linsen auf dem Boden des Topfes an und lege das Getreide darüber (für die Gründe dieses schichtweisen Aufbaus siehe unter ,,Getreideeintopf mit Reis und Hülsenfrüchten" auf Seite 89). Nimm etwa viermal soviel Getreide wie Linsen. Eine gute Getreidemischung ist halb und halb Reis und Gerste. Die Wassermenge, die Du benötigst, hängt von der Art des Getreides ab. Darüber hinaus mußt Du noch dreimal so viel Wasser wie Linsen dazugeben. Diese Art der Zubereitung kann sowohl ohne Druck als auch mit Druck erfolgen. Nach dem Kochen verfeinerst Du das Gericht mit ein wenig Miso oder Gomasio.

Azukibohnen

Azukibohnen sind kleine rote Bohnen, die aus dem Fernen Osten kommen, inzwischen aber auch in Italien angebaut werden. Es sind keine Sojabohnen, wie man oft hören kann. Sie bilden eine eigenständige Sorte. Bei uns sind sie aufgrund ihrer Heilwirkung, z. B. bei Nierenbeschwerden, populär geworden. Doch im Einpersonen-Haushalt sind sie neben Linsen vor allem deshalb von Bedeutung, weil sie nicht eingeweicht werden müssen und außerdem noch recht schnell gar sind.

Azukibohnen im Druckkochtopf

Wie ,,Linsen im Druckkochtopf" (Seite 109), aber nur mit Bohnenkraut und Kombu. Kochzeit 45 Minuten. Azukibohnen im Druckkochtopf schmecken etwas weniger gut als ohne Druck gekochte Bohnen. Der Geschmacksunterschied ist jedoch gering.

Azukibohnen und Getreide zusammen im Druckkochtopf

Wie ,,Linsen und Getreide zusammen im Druckkochtopf" (Seite 109), doch nur mit Bohnenkraut und Kombu. Siehe vorhergehendes Rezept.

Azukibohnen ohne Druck

Wie ,,Linsen ohne Druck" (Seite 110), doch nur mit Bohnenkraut und Kombu. Kochzeit wenigstens eine Stunde (lieber mehr).

Azukibohnen und Getreide vermischt

Wie ,,Linsen mit Getreide vermischt" (Seite 110), doch nur mit Bohnenkraut und Kombu.

Grüne Erbsen, Kichererbsen, braune und weiße Bohnen

Dies sind die bekanntesten Arten getrockneter Hülsenfrüchte, die sowohl eingeweicht als auch lange gekocht werden müssen. Bis auf Kichererbsen wurden sie seit altersher (Kapuziner- und grüne Erbsen) oder wenigstens seit einigen Jahrhunderten (braune und weiße Bohnen) bei uns angebaut und verzehrt. Kichererbsen stammen aus den Ländern rund um das Mittelmeer.

Dennoch sind wir auch bei den anderen genannten Sorten häufig auf Importe angewiesen, da sie hier nicht immer aus biologischem Anbau verfügbar sind. In einem solchen Fall mußt Du selbst entscheiden, was bei Dir schwerer wiegt: Der biologische Anbau, die Entfernung oder der Preis.

Alle genannten Arten werden nach dem Waschen mit dreimal soviel Wasser wie Erbsen oder Bohnen eingeweicht. Nach Ablauf der empfohlenen Einweichzeit, 24 Stunden (aber kürzer, etwa 8 Stunden, oder länger, etwa 36 Stunden, ist auch möglich), sind die Erbsen oder Bohnen oft so angeschwollen, daß sie weit über das restliche Wasser hinausreichen. Gebe dann im Topf wenigstens so viel Wasser hinzu, daß sie gerade noch unter Wasser sind. Die Kochzeit dieser Arten beträgt im Druckkochtopf wenigstens eine Stunde, besser noch etwas länger, dadurch werden sie noch besser (besonders, wenn die Hülsenfrüchte ein wenig älter sind). Rechne ohne Druck mit zwei Stunden Kochzeit.

Grüne Erbsen, Kichererbsen, braune und weiße Bohnen im Drucktopf
Wie ,,Linsen im Druckkochtopf" (Seite 109), aber nur mit Bohnenkraut und Kombu. Kochzeit wenigstens eine Stunde.

Grüne Erbsen, Kichererbsen, braune und weiße Bohnen ohne Druck
Wie ,,Linsen ohne Druck" (Seite 110), jedoch nur mit Bohnenkraut und Kombu. Kochzeit ohne Druck und bei älteren Bohnen zwei Stunden.

Grüne Erbsen, Kichererbsen, braune und weiße Bohnen mit Getreide
Wie ,,Linsen mit Getreide" (Seite 109), jedoch nur mit Bohnenkraut und Kombu. Siehe auch ,,Vorgeweichte Gerste und Hafer mit Hülsenfrüchten" (Seite 91 bzw. 96).

Frische Hülsenfrüchte
Im Sommer gibt es genügend frische Hülsenfrüchte, die Du zwar mit der Hülse kaufst, doch deren Hülse Du nicht essen kannst (etwa Palerbsen, junge Kapuzinererbsen und Pferdebohnen). Du mußt sie zu Hause noch aus der Schale pellen. Drücke dazu mit Daumen und Zeigefinger auf beide Nähte einer solchen Schale. Dann springt die Schale auf. Öffne sie vollständig und schiebe die Samen mit Deinem Daumen in ein Schälchen. Spüle sie nötigenfalls kurz ab und entferne die weniger schönen Stücke. Bemühe Dich, frische Hülsenfrüchte tatsächlich auch jedesmal frisch zuzubereiten, Tag für Tag. Sie sind dann besonders lecker und der Nährwert wird optimal genutzt.

Gekochte, frische Hülsenfrüchte
Lege ein Stückchen Kombu-Meeresalge von fünf cm Länge auf den Boden des Topfes. Darüber schichtest Du die gepuhlten Hülsenfrüchte und gießt ein wenig Wasser dazu. Sie müssen nicht vollständig mit Wasser bedeckt sein, sie sollten nur nicht trockenkochen. Mit einiger Übung kannst Du es sogar am Topf hören und brauchst nicht nachzusehen. Bringe das Ganze auf großer Flamme zum Kochen, gib eine Prise Meersalz hinzu und lasse alles zusammen 10 bis 15 Minuten bei geringer Hitze

köcheln, bis die Hülsenfrüchte weich sind. Gieße dann das eventuell übriggebliebene Kochwasser ab und bewahre es für Suppe oder Soße auf. Das noch nicht gare Stück Kombu bewahrst Du ebenfalls auf (siehe hierzu Gebratenes Kombu, Seite 135, und Kombu-Streifen, Seite 136). Garniere die Hülsenfrüchte mit frischen kleingehackten Kräutern wie Schnittlauch, Petersilie oder Sellerie.

Frische Hülsenfrüchte in der Schale

Im Sommer gibt es reichlich frische Hülsenfrüchte, die Du mit der Hülse essen kannst, etwa Zuckererbsen, Schnippel- und Brechbohnen. Wie schon erwähnt, sind die Samen darin oft noch sehr klein. Eigentlich kannst Du solche Hülsenfrüchte als Gemüse ansehen. Nimm je Mahlzeit etwa 100 g, wenn es Dein einziges Gemüse ist, und weniger, wenn Du noch anderes Gemüse dazu ißt. Brechbohnen werden gewöhnlich in kleinere Stücke gebrochen, doch solange sie gut in Deinen Topf passen, gibt es dafür eigentlich keinen Grund. Schnippelbohnen heißen so, weil sie vor dem Kochen in schmale Streifen geschnitten werden. Kaufe nie vorgeschnittene Schnippelbohnen, denn sie verlieren schnell ihren Nährwert. Wenn Du sie geschnitten willst, tue es selbst, etwa in schräge Stückchen von 2 cm Länge (gröber als Du es wohl gewöhnt bist).

Gekochte weichschalige Hülsenfrüchte in der Schale

Lege die Zuckererbsen auf den Topfboden und gib etwas Wasser hinzu (sie müssen nicht vollständig bedeckt sein; sie dürfen nur nicht austrocknen). Bringe das Ganze auf großer Flamme zum Kochen, gib eine Messerspitze Meersalz dazu und lasse alles zusammen bei geringer Hitze etwa 30 Minuten weiterkochen, bis die Zuckererbsen weich sind. Du kannst auch frische Kräuter mitkochen, etwa Bohnenkraut, Thymian, Majoran, Basilikum und Lorbeerblatt mit einer Gewürznelke. Liebhaber können nach dem Kochen noch etwas Muskatnuß darüberraspeln.

Gekochte Hülsenfrüchte in der Schale mit kleinen Zwiebeln

Schneide gesäuberte frische Zwiebeln in Hälften oder in Viertel und dünste sie im leicht geölten Topf. Gib dann die Hülsenfrüchte und etwas Wasser mit Meersalz oder Shoyu hinzu. Leicht garkochen lassen (siehe voriges Rezept). Die Zwiebeln werden dann herrlich weich und süß. Zur Abwechslung kannst Du natürlich auch verschiedene andere Gemüse mitkochen oder mitdünsten (etwa Sommermöhren oder Radieschen).

Tofu

Tofu ist in rechteckige Blöcke gepreßtes Eiweiß aus Sojabohnen. Es wird auch bei uns hergestellt. Und so wird es gemacht: Sojabohnen einweichen, dann mahlen und anschließend kurz kochen. Danach wird die Feuchtigkeit aus der Masse als Sojamilch herausgepreßt. Die zurückbleibende trockene Masse ist als Nebenprodukt unter der Bezeichnung Okara im Handel. (Okara ist in der Küche verwendbar, dennoch gehen wir nicht näher darauf ein.) Die Sojamilch wird anschließend mit einem Nebenprodukt der Meersalzgewinnung, Nigari, zur Gerinnung gebracht. Das ausflockende Eiweiß wird in Blöcke gepreßt und abgespült.

Tofu kaufst Du in Blöcken, die im Wasser lagern. Zu Hause mußt Du es unter Wasser aufbewahren und dieses Wasser täglich erneuern. An einer kühlen Stelle aufbewahrt, ist Tofu bis zu 10 Tagen haltbar. Nur im Sommer mußt Du außerhalb des Kühlschranks aufpassen. Dann solltest Du Tofu so bald wie möglich verarbeiten. Einmal gesalzen, gekocht oder gebraten (ziemlich yangisiert) hast Du wesentlich weniger Probleme. Kaufe auf jeden Fall nie mehr als einen einzigen Block. Das Tofu, daß Du bei einer Mahlzeit ißt, kannst Du wie Hülsenfrüchte berechnen.

Tofu hat nur wenig Eigengeschmack, doch Du kannst es sehr gut zu zahlreichen Gerichten verwenden. Es erweitert Deine Abwechslungsmöglichkeiten erheblich. Denke daran, daß Tofu an sich recht weich, wässrig und ausgedehnt ist (sehr yin). Du darfst es daher nicht oft ,,roh"verwenden (Weil es nicht wirklich roh ist, die Bohnen wurden bei der Zubereitung schon gekocht).

Gekochte Tofuwürfelchen in der Suppe

Schneide etwa 6 Würfel Tofu und koche sie einige Minuten in der Suppe mit. Eine einfache und gute Art, an Hülsenfruchteiweiß zu kommen.

Tofu-Dressing für Salate

Nimm ein Viertel oder ein Drittel vom Tofublock. Gib einen Teelöffel Natto-Miso oder Gersten-Miso dazu, einen Teelöffel Umepaste und einen Teelöffel Goma-Wakame (Seite 122). Vermische alles gründlich. Mit kleingeschnittenen Kräutern abschmecken, je nach Jahreszeit. Anstelle des Roh-Tofus kannst Du auch ein große dünne Scheibe Tofu verwenden, die Du zunächst einige Minuten lang hast kochen lassen (wenn die Scheibe zu dick ist, kann die Hitze nicht durchdringen).

Brotaufstrich aus Tofu

Wie ,,Tofu-Dressing" (siehe voriges Rezept). Du kannst es jedoch ein wenig sämiger machen, indem Du weißes oder braunes Tahin ohne Salz damit vermischst.

Gebratenes Tofu

Schneide Stücke von ca. 1 cm Dicke ab, die Du zehn Minuten in etwas Shoyu marinierst (einlegst). Verwende das Shoyu dann für Gemüse oder Suppe. Brate die Tofu-Stücke in einer schwach geölten Bratpfanne auf beiden Seiten goldbraun.

Tofu-Kuchen mit Getreide- und Gemüseresten

Tofu ist ein ausgezeichnetes Bindemittel, um aus Getreide- und Gemüseresten eine homogene Masse zu gewinnen. Du knetest daraus Bällchen, die Du anschließend wieder zu runden glatten Scheiben formst, und brätst sie in einer schwach geölten Pfanne. Sehr lecker ist es, wenn Du Miso, feingehackte frische Kräuter und eventuell ein wenig Senf dazugibst. Wenn die Mischung zu feucht ist, knetest Du einige trockene rohe Haferflocken hinein. Diese absorbieren das Wasser und werden beim Braten völlig gar.

Tempeh

Tempeh ist ein traditionelles indonesisches Fermentationsprodukt, das durch Einwirken eines bestimmten Schimmels auf die Samen von Hülsenfrüchten und/oder Getreidekörner entsteht. Diese schimmeln buchstäblich aneinander fest und werden zu einem mehr oder weniger homogenen Kuchen. Tempeh ist ein Gericht mit ausgesprochenem Eigengeschmack und zahlreichen Verwendungsmöglichkeiten. Sehr wichtig ist der relativ hohe Gehalt an Vitamin B12. Tempeh mit Reis, Gerste und Weizen besteht zur einen Hälfte aus Getreide und zur anderen aus Sojabohnen. Etwa 2 Scheiben von je einem Zentimeter Dicke reichen aus, um auf vernünftige Weise an Hülsenfrüchteeiweiß zu kommen.

Tempeh ist also ein Produkt aus einer Schimmelkultur. Feine, rasch wachsende Schimmelfäden, die alles durchdringen und überziehen. Sehr ausgedehnt (yin), verwende Tempeh daher nie roh.

Gekochte Tempehblöcke in der Suppe

Wie ,,Gekochte Tofublöcke in der Suppe" (Seite 114). Mindestens 15 Minuten lang mitkochen lassen.

Gebratenes Tempeh

Wie ,,Gebratenes Tofu" (Seite 115). Je dünner Du die Scheiben schneidest, desto schmackhafter sind sie, aber auch desto extremer (mehr Öl, also yinner, und brauner gebraten, also yanger; sei also maßvoll). Du kannst das Shoyu auch nachträglich über gebratenes Tempeh geben. Das liegt ganz an Dir.

Gekochte Tempehblöckchen in einem Gemüseeintopf

Du kannst Tempeh ausgezeichnet bei allerlei Gemüsegerichten mitkochen. Siehe u. a. bei ,,Gemüseeintopf" (Seite 130). Du solltest das Tempeh mindestens 15 Minuten lang mitschmoren, -dämpfen oder -kochen lassen.

Samen und Produkte daraus

Biologisch gesehen ist in jedem Samen die Anlage für eine zukünftige Pflanze. Die Frucht ist derjenige Teil der Blüte, in dem die Samen entstehen. Zuweilen gibt es nur einen, doch manchmal gibt es auch mehrere Samen je Frucht. Blüten stehen oft in Gruppen zusammen, in Dolden oder Ähren.

Einige Beispiele: Ein Getreidekorn ist die ausgewachsene Frucht einer einzigen von zahlreichen Blüten in einer Ähre. Frucht und Samen sind hier das gleiche, denn Getreidekörner sind eigentlich Samen. Bei Hülsenfrüchten stellt die gesamte Hülse mit den Erbsen oder Bohnen darin eine Frucht dar, und die Erbsen oder Bohnen sind die Samen. So ist ein Apfel eine Frucht, die wir gerade wegen der Frucht selbst verzehren, auch wenn wir vernünftigerweise die Samen (Kerne) mitessen. Eine Nuß schließlich ist eine harte, einsamige und nicht aufspringende Frucht. So gesehen besteht das makrobiotische Menü überwiegend aus Samen. Doch die meisten dieser Samen haben wir bereits unter anderen Bezeichnungen besprochen. Im Naturkosthandel werden unter Samen insbesondere verstanden: Raps, Sonnenblumenkerne, Sesam, Kürbiskerne und noch einige andere Arten, die im Rahmen dieses Buches von geringerer Bedeutung sind.

Speiseöl

Alle vier oben genannten Sorten von Samen werden zur Gewinnung von Speiseöl benutzt. Lediglich Raps kommt dabei aus unserem Land. Ein traditionell einheimischer Ölsamen wie Saat-Leindotter wird leider kaum noch angebaut. Leinöl aus Leinsamen möchten wir außer Betracht lassen, da es rasch ranzig wird. Es ist ein Produkt aus langgestreckten, also sehr ausgedehnten (yinnen) Samen. Solche Produkte verderben schnell und sie sind in einer Einpersonenküche nur sehr schwer verwendbar.

Wenn in Naturkostkreisen über Öl gesprochen wird, hört man oft den Begriff „kaltgepreßt". Damit ist gemeint, daß beim Pressen die Temperatur des Öls nicht künstlich erhöht wurde. Dadurch gelangen unerwünschte Stoffe, die erst bei höherer Temperatur frei werden, nicht in das Öl. Anschließend kann das Öl ruhig heiß werden, es behält dennoch die Zusammensetzung kaltgepreßten Öles. Leider ist die Praxis des Kaltpressens doch ein wenig anders, auch wenn das Öl nicht künstlich erhitzt ist. Infolge des beträchtlichen Preßdrucks kann die Temperatur des Öls beim Preßvorgang von alleine ansteigen, so daß es unsinnig ist, von kaltgepreßtem Öl zu sprechen. Natürlich gibt es Ausnahmen, wie Olivenöl besserer Qualität und biologisches Rapsöl. Im allgemeinen halten wir daher die Qualitätsbezeichnung „unraffiniert" für wesentlich wichtiger als den Begriff „kaltgepreßt" ohne Angabe der Temperatur.

Ein gutes Öl ist von weitgehend neutralem Geschmack und kann gut erhitzt werden, ohne gleich zu verbrennen. Dadurch verschließt sich das Gebratene, ohne viel Öl aufzunehmen.

Nährwert

Die genannten Samen sind nicht nur reich an Öl, sondern auch an Eiweiß. Sie können daher von Zeit zu Zeit anstelle von Hülsenfrüchten zur Mahlzeit gegessen werden. Ihr Vorteil ist, daß sie wesentlich weniger Zubereitungszeit erfordern. Du kannst sie vor allem dann verwenden, wenn Du keine Zeit für Hülsenfrüchte hast.

Öl ist eine Bezeichnung für Fett, das bei Zimmertemperatur flüssig ist. Hinsichtlich der Art des Fettes sind die genannten Samen besonders reich an den schon oben genannten essentiellen, mehrfach ungesättigten Fetten. Das gilt auch für die aus diesen Samen bereiteten Speiseöle und - pasten. Doch Öl ist sehr ausgedehnt (yin). Es ist nicht nur leichter als Wasser, sondern es verbreitet sich auch „wie ein Ölfleck" auf der gesamten Oberfläche. Verwende daher nur wenig Öl und lieber nicht „roh". Halte vor allem auch Maß bei der Verwendung all der herrlichen Pasten, die aus diesen Samen hergestellt werden. Sie bestehen schließlich zu einem Drittel aus Öl, oft sogar aus „rohem" Öl. Wenn Du von diesen Pasten etwas verwenden willst, ist es besser, sie in Soßen zu verarbeiten. Zum einen bringst Du sie dann noch mit Hitze in Berührung und außerdem erhältst Du mit wenig Paste schon eine herrlich sämige Soße. Gleiches gilt übrigens auch für die etwas dickeren Soßen, die Du als Brotaufstrich verwenden kannst. (Siehe „Brotaufstrich aus Tofu", Seite 115, „Tahindressing", Seite 123, und das Kapitel über Soßen.)

Samen waschen

Alle Samen außer Sesam lassen sich wie Getreide waschen, was jedoch nicht gut ist, wenn Du sie noch rösten willst. Schüttle sie lieber in einem großen Sieb oder kippe sie im Wind aus einem Topf in einen anderen (wie beim Buchweizen), auch dann reinigst Du sie von Schmutzpartikeln. Sesam muß besonders behandelt werden (Seite 120).

Raps

Raps wird heute bei uns biologisch angebaut, doch ob es jemanden gibt, der den reinen Samen in der Küche verwendet? Es wird daraus allerdings in traditionellen Ölmühlen Speiseöl gewonnen. Das ist wirklich kaltgepreßtes Öl. Während des gesamten Prozesses erhitzt es sich nicht über 35 Grad und wird anschließend auch nicht gefiltert. Es ist also ein Öl, das unseren Anforderungen entspricht. Es hat einen eigenen Geschmack, der nicht jedermanns Sache ist. Außerdem ist es nicht billig, bleibt aber lange verwendbar. Verwende dieses Öl niemals ,,roh''.

Sonnenblumenkerne

Sonnenblumenkerne sind die Samen von Sonnenblumen. Wenn Du sie im Naturkosthandel kaufst, wurde die harte schwarz-weiß gestreifte Außenschale bereits entfernt. Obwohl in vielen Gärten bei uns Sonnenblumen zu sehen sind, werden die Kerne für den Verzehr importiert, vor allem aus Frankreich und den USA. Darüber hinaus werden in Frankreich biologisch angebaute Sonnenblumenkerne zu Sonnenblumenöl verarbeitet. Das ist ein ausgezeichnetes, nicht allzu teures Speiseöl. Allerdings hat es einen Eigengeschmack und -geruch. Neben Sonnenblumenöl gewinnt man aus Sonnenblumenkernen auch Sonnenblumenpaste. Diese Paste ist meist gesalzen im Handel erhältlich.

Sonnenblumenkerne, mit Getreide gekocht

Gewaschene Sonnenblumenkerne kannst Du mit Getreidebrei für das Frühstück kochen. Rechne etwa einen Eßlöffel je Person und Mahlzeit. Das gibt Dir ein wenig zu knabbern. Sehr lecker ist es, Sonnenblumenkerne zu Hirse zu geben (Seite 93) oder zu Haferbrei (Seite 97). Möglich ist auch eine Kombination dieser beiden im Verhältnis 1:2.

Geröstete Sonnenblumenkerne im Gemüse

Röste einen Eßlöffel Sonnenblumenkerne unter Rühren mit einem Holzlöffel auf dem Boden eines trockenen Topfes so lange, bis sie goldbraun sind. Neben Sonnenblumenkernen mit einem guten Geschmack erhältst Du so auch einen vorgewärmten Topfboden. Wenn Du anschließend das Gemüse dazugibst, wird dieses sehr schnell erhitzt. Siehe auch unter „Gemüse kochen" (Seite 129). Du kannst Sonnenblumenkerne auch als ersten Schritt eines Gemüseeintopfes rösten (Seite 130).

Geröstete Sonnenblumenkerne zur Mahlzeit

Röste je Person und Mahlzeit einen Eßlöffel Sonnenblumenkerne unter Rühren mit einem Holzlöffel auf großer Flamme in der trockenen Bratpfanne so lange, bis sie goldbraun sind. Gib sie anschließend in eine feuerfeste Schale und tropfe etwas Shoyu darauf. Rühre die Kerne dabei um. Es entwickelt sich dabei Dampf, die heißen Kerne werden „gelöscht". Die Feuchtigkeit des Shoyu verdampft, und das Salz sowie die Aromastoffe bleiben an den Kernen haften. Rühre solange, bis sie völlig trocken sind. Sofort auftragen, sonst geht das Knackige der Kerne verloren. Es ist keine Kunst, dunkelbraune versalzene und daher sehr yange Kerne herzustellen. Verwende lieber so wenig Shoyu wie möglich.

Geröstete Sonnenblumenkerne als Partyknabberei

Wie oben. Rechne für mehrere Personen 200 ccm Sonnenblumenkerne und gib zwei Teelöffel Shoyu in eine Schale, um damit zu „löschen".

Sesam

Sesam stammt aus den Ländern rund um das Mittelmeer. Von dort aus hat sich der Anbau über andere, eher warme Länder verbreitet. Viel Sesam im Naturkosthandel kommt aus den mittelamerikanischen Ländern. Sesam verdankt seinen Platz in der alternativen Küche also sicher nicht dem Anbau bei uns, im Gegenteil. Doch was soll man machen, wenn die örtlichen, traditionellen Ölsamen nicht mehr vorhanden sind?

Aus Sesam wird ein hervorragendes, aber teures Speiseöl gewonnen, das in der Einpersonenküche den großen Vorteil hat, auch nach längerer Zeit nicht ranzig zu werden. Es verdirbt fast überhaupt nicht. Es ist ein Produkt aus kleinen runden, also sehr kompakten (yangen) Samen. Schließlich ist Sesamöl auch noch weitgehend neutral im Geschmack.

Darüber hinaus gibt es noch die verschiedenen Sesampasten, bekannt unter der arabischen Bezeichnung „Tahin". Die bekannteste ist das braune Tahin, hergestellt aus geröstetem Sesam, sowohl ungesalzen als auch gesalzen erhältlich. Rösten und Paste-Herstellen erfolgt häufig bei uns. Das Tahin wird zuweilen allen Ernstes als „ökologisches Tahin" in den Handel gebracht! Es gibt außerdem weißes Tahin, das in Griechenland aus Sesam hergestellt wird, der mit Meersalz geschält und nicht geröstet und nicht gesalzen ist. Für Soßen und Brotaufstriche nimmst Du am besten braunes ungesalzenes Tahin. Du kannst natürlich auch gesalzenes Tahin verwenden, doch dann hast Du keine Kontrolle über Menge und Qualität des Salzes. Reines weißes Tahin eignet sich vor allem dazu, Gerichte sämiger zu machen, etwa Dressings und süße Nachspeisen.

Sesam kann ebenso wie Linsen von kleinen Steinchen durchsetzt sein. Er muß daher gründlich gewaschen werden. Das klappt nicht, wenn Du ihn wie Getreide wäschst. Auch wenn Du Sesam ins große Sieb gibst und unter dem Hahn abspülst, wirst Du die Steinchen nicht los. Du mußt Dich daher der Tatsache bedienen, daß die ölhaltigen (also yinnen) Samen fast auf dem Wasser schwimmen, wohingegen die harten (also yangen) Steinchen rasch absinken.

Beachte: Im Vergleich mit den Steinchen sprechen wir nun von yinnem Sesam. Vorher, im Vergleich mit Leinsamen bezeichneten wir ihn als yang. Das ist ein schönes Beispiel dafür, wie relativ yin und yang immer gebraucht werden.

Gib den Sesam, den Du waschen willst, in ein großes Sieb. Spüle den Sesam dann unter dem Hahn und wasche den Staub heraus. Fülle einen großen Topf mit Wasser (das Sieb muß hineinpassen). Stelle das Sieb bis zum Rand ins Wasser, dann verschwinden die Steinchen mit dem Siebboden im Wasser, die Samen dagegen sinken nur sehr langsam ab. Einige schwimmen sogar, sie können hohl sein, genau wie beim Getreide. Schöpfe sie mit einem japanischen Fritierlöffel ab und wirf sie weg. Hebe dann das Sieb an und stelle es wieder hin. Nun holst Du mit dem Fritierlöffel die langsam absinkenden Samen heraus und gibst sie in eine Schale. Das wiederholst Du einige Male und irgendwann bleiben nur noch Steinchen auf dem Siebboden zurück.

Sesam, der mit Getreide gekocht wird

Wie „Sonnenblumenkerne, die mit Getreide gekocht werden" (Seite 119).

Gerösteter Sesam in Gemüse

Wie „Geröstete Sonnenblumenkerne in Gemüse" (Seite xxx). Du kannst dem Sesam aber nicht gut ansehen, ob er lange genug geröstet ist. Nach einiger Zeit bei großer Hitze platzen die Samen deutlich hörbar. Setze das Rösten aber bei geringerer Hitze fort. Röste lieber auf nicht zu großer Flamme als zu schnell bei großer Hitze, mit zerplatzten Körnern als Ergebnis. Du kannst fühlen, wenn Deine Samen gut sind: Nimm einige zwischen Daumen und Mittelfinger und versuche, sie zu zerreiben. Wenn das gelingt, sind die Samen gut. (Benutze Mittelfinger, da Du mit dem Zeigefinger auch rohen Sesam zerreiben kannst.)

Gerösteter Sesam als Gewürz

Röste einen kleinen Vorrat (etwa eine Tasse) gewaschenen Sesam unter Rühren mit einem Holzlöffel bei großer Flamme auf dem Boden eines trockenen Topfes, bis der Sesam gut ist (siehe voriges Rezept). Verwahre ihn nach dem Abkühlen in einem gut schließenden Töpfchen. Es ist sehr lecker, wenn man ihn hin und wieder über Getreide streut oder Getreidebällchen darin rollt (Seite xxx).

Gomasio

Gomasio ist frisch gerösteter Sesam, mit trocken geröstetem Salz in einem Mörser fein gerieben. Nimm 12 bis 14 Teile Sesam und einen Teil Salz. Es gibt dafür sehr geeignete, gerippte Mörser, sogenannte „Suribachis". Es ist ein herrliches Gewürz für Getreide. Du kannst es auch fertig kaufen, doch sobald Du es einmal selbst hergestellt hast, möchtest Du das gekaufte Gomasio nicht mehr haben. Außerdem ist das Gomasio aus dem Laden oft viel zu salzig, und wer weiß, welches Salz verwendet wurde? Verwahre auch Gomasio in einem gut schließenden Gefäß und lasse es nicht älter als eine Woche werden. Danach wird der feine Geschmack schwächer.

Goma-Wakame

Röste ein Stück Wakame von 20 cm Länge in einer trockenen Pfanne oder im Ofen. Im Ofen geht es vielleicht ein bißchen leichter. Es ist notwendig, daß das Wakame völlig knusprig ist (wenn Du einen Topf nimmst, mußt Du das Wakame auf großer Flamme rösten und gut darauf achten, wann es fertig ist). Wenn Du den Backofen verwendest, gehst Du von 20 Minuten bei 150 Grad aus. Es klappt sehr gut in einem abkühlenden Ofen, in dem Du schon etwas anderes gebacken hast. Dann reibst Du das knusprige Wakame im Mörser so gut wie möglich zu Puder. Drücke es anschließend durch ein Teesieb, sodaß die größeren Stücke des Hauptstranges zurückbleiben. Diese kannst Du nicht zerreiben, sie lassen sich immer noch in der Suppe verwenden. Anschließend reibst Du Dein Wakame zusammen mit frisch geröstetem Sesam im Mörser klein. Rechne drei bis fünf Teile Sesam auf einen Teil Wakame-Puder. Verwahre das Gemisch in einem gut schließenden Gefäß. Du kannst es als Gewürz für Getreide verwenden, doch nicht jedem schmeckt das.

Tahin-Dressing

Verrühre einen Teelöffel Umepaste und einen Eßlöffel weißes Tahin, wobei das Ganze sehr dick wird. Verdünne die Paste anschließend wie gewünscht mit Wasser. Das Resultat ist sehr sämig.

Kürbiskerne

Für Kürbiskerne gilt das gleiche wie für Sonnenblumenkerne: Wenn man sie kauft, ist die harte Schale bereits entfernt worden. Ungeachtet der Tatsache, daß Kürbisse bei uns als Gemüse angebaut werden, importiert man Kürbiskerne vor allem aus Österreich. Dort werden Kürbisse speziell für die Gewinnung von Öl aus den Samen angebaut (Kürbiskernöl). Der Rest des Kürbis ist Abfall. Diese Verwendung schlägt sich auch im hohen Preis des Öls nieder.

Du verwendest Kürbiskerne in etwa der gleichen Weise wie Sonnenblumenkerne. Sie sind allerdings ein ganzes Stück teurer.

Kürbiskerne mit Getreide gekocht

Wie ,,Sonnenblumenkerne mit Getreide gekocht'' (Seite 119).

Geröstete Kürbiskerne in Gemüse

Wie ,,Geröstete Sonnenblumenkerne in Gemüse'' (Seite 120).

Geröstete Kürbiskerne zum Essen

Wie ,,Geröstete Sonnenblumenkerne zum Essen'' (Seite 120).

Geröstete Kürbiskerne als Partyknaberei

Wie ,,Geröstete Sonnenblumenkerne als Partyknabberei'' (Seite 120).

Gemüse

Gemüse waschen

Säubere Gemüse erst kurz vor dem Verzehr. Dann bleibt der Nährwert am besten erhalten. Entferne mit einem scharfen Messer alle Teile, die Du nicht essen möchtest, wie welke Blätter und angefressene Teile. Zerkleinere Dein Gemüse noch nicht. Wasche es in reichlich Wasser. Beim Kohl brauchst Du meist nur die äußeren Blätter zu säubern. Der Rest ist gut verpackt! Härtere Gemüsesorten wie Kohlrabi, Möhren, Rettich, Weißrübchen oder Rote Bete bürstest Du gründlich mit einer harten Bürste ab. Für diesen Zweck gibt es spezielle Gemüsebürsten. Du kannst eventuell auch eine Nagelbürste nehmen. Es darf nur keine Bürste mit Kunststoffhaaren sein, da Du diese Haare sonst eventuell mit dem Gemüse verzehrst. Schälen ist bei gutem, biologisch gezogenem Gemüse nicht nötig. Schließlich sollten wir so weit wie möglich die ganze Pflanze essen, sowohl bei Wurzel- als auch bei Blattgemüse. Also auch das Innere und die Schale!

Gemüse schneiden

Wenn Du Gemüse schneidest, beschädigst Du unwiderruflich Zellen, aus denen dann der Zellinhalt heraustritt. Darüber hinaus schneidest Du bei Stengeln und blattartigen Teilen auch noch Gefäße durch, was dazu führt, daß die Schnittflächen zu ,,bluten" beginnen. In beiden Fällen setzt sofort ein Fäulnisprozeß (oder wie auch immer man es nennen mag) ein. Schneide daher Dein Gemüse erst möglichst kurz vor der Weiterverarbeitung und erst nach dem Waschen, denn sonst würdest Du die beim Schneiden ausgetretenen Stoffe auch noch mit abwaschen. Das Schneiden hat nur Nachteile, ausgenommen dann, wenn man Rohkost zubereiten möchte. Wie wir schon erwähnt haben, geht es dabei gerade um die ausgetretenen Stoffe. Wenn man das Gemüse allerdings kochen will, bringt Schneiden eigentlich nichts als Verluste. Dennoch gibt es wenigstens zwei Gründe, die für das Schneiden sprechen. Der erste Grund ist der, daß man das Gemüse ja ,,handlich" machen muß. Schließlich soll es in den Topf und auf den Teller passen. Der zweite Grund ist der, daß man es durch die Art des Schneidens selbst in der

Hand hat, wie lange das Gemüse garen muß: Grob geschnittene Stücke müssen länger kochen als feingeschnittenes Gemüse. Durch die richtige Schneidetechnik kann man z. B. die Garzeit zwei verschiedener Gemüsearten, die man zusammen zubereitet, einander oder an die restliche Mahlzeit angleichen.

Es gibt noch einen dritten Grund, Gemüse zu schneiden. Ein Grund für das Auge. Mit einer guten Schneidetechnik kannst Du ein bestimmtes Gericht viel appetitlicher aussehen lassen als wenn Du schiefe und ungleiche Stücke auf den Tisch bringst. Denn was auf dem Teller gut aussieht, verdaut man auch besser. Und das ist natürlich sehr wichtig.

Das Messer sollte immer so scharf wie möglich sein, so daß Du richtig schneidest und nicht quetschst. Ideal wäre das bereits erwähnte „A-cut"-Messer. Wenn Du Rohkost zubereiten willst, mußt Du grundsätzlich das Gemüse so fein schneiden wie es geht. Bei gekochtem Gemüse gibt es eine ganze Reihe von Möglichkeiten. Bei der Behandlung der verschiedenen Zubereitungstechniken werden wir auch darauf eingehen.

Verschiedene Arten, Gemüse zuzubereiten

Wir stellen die verschiedenen Arten der Gemüsezubereitung gestaffelt nach der dazu nötigen Hitze vor. Dabei spielt neben der Temperatur auch die Zubereitungszeit eine Rolle. Je höher die Temperatur und je länger die Garzeit sind, desto zusammenziehender, also mehr yang sind die Zubereitungen. So ergibt sich eine Reihe von relativ yinnen bis zurelativ yangen Zubereitungsarten.

Darüber hinaus behandeln wir die Gemüsearten nicht systematisch und der Sorte entsprechend, wie wir es mit den anderen Produkten in den vorausgegangenen Kapiteln getan haben. So könnte man nämlich ein ganzes Buch füllen. Wir gehen davon aus, daß Gemüse nichts Unbekanntes für Dich ist, während viele Getreidearten, Hülsenfrüchte und Samen das sehr wohl waren.

Die benötigten Mengen hängen sehr von der Gemüsesorte ab. Rechne im Schnitt mit 100 bis 200 g je Mahlzeit. Achte darauf, daß Du von den weniger festen, Vitamin-C-haltigeren Sorten nur soviel zubereitest, wie Du für eine Mahlzeit benötigst. Die härteren, yangeren Sorten kannst Du eventuell auch am nächsten Tag noch einmal aufwärmen.

Rohgemüse

Die yinnste Zubereitungsweise ist es, das Gemüse überhaupt nicht zu kochen: Rohkost. Wir wollen uns jedoch nicht länger dabei aufhalten, da diese Art der Zubereitung für sich selbst spricht. Darüber hinaus finden wir Rohkost im allgemeinen nur eingeschränkt empfehlenswert, wie wir bereits erläutert haben. Wir möchten höchstens noch auf die Möglichkeiten hinweisen, Rohkost geschmacklich mit Shoyu, Natto-Miso, Umipaste und einem Tofu- oder Tahindressing zu verbessern.

Gemüse einlegen

Das Einlegen von Gemüse ist eine traditionelle und schmackhafte Art, Gemüse zuzubereiten und aufzubewahren. Es handelt sich dabei um eine milchsaure Fermentation. Man kann dabei wenig oder gar kein Salz verwenden oder auch viel Salz, Shoyu, Tamari oder Gomasio als Konservierungsmittel benutzen. Die milchsaure Fermentation, die angestrebt wird, tritt jedoch in beiden Fällen meist von alleine ein. Du brauchst nicht einen Löffel Joghurt dazugeben, wie oft behauptet wird.

Das bekannteste Beispiel ist natürlich Sauerkraut. Sauerkraut ist nach Einsalzen fermentierter Weißkohl, wobei dieses Fermentieren ebenso wie das Kochen eine Art der Vorverdauung ist. Doch auch allerlei andere Gemüsearten können so verarbeitet, also vorverdaut werden. Das Einlegen eröffnet in Deiner Küche eine Reihe neuer Möglichkeiten, die Du endlos variieren kannst.

Milchsauer fermentierte Gemüse sind seit alters her ein wichtiger Faktor in der Ernährung zahlreicher Völker gewesen. Das kommt daher, daß milchsaure Fermentierung Verrottung und Schlechtwerden verhindert. Das Ergebnis wird dadurch — je nach Gemüseart und Zubereitungsweise — bis zu einigen Monaten und zuweilen noch länger haltbar. Doch auch Krankheitserreger werden dadurch wirkungsvoll bekämpft. Versuche daher, wenigstens einmal pro Tag zu Deiner Mahlzeit ein Stückchen eingelegtes Gemüse zu essen.

Entsprechend der Jahreszeit kannst Du das Verfahren des Einlegens verändern. Im Sommer nimmst Du nur sehr wenig oder kein Salz, arbeitest kaum mit Druck oder nur für kurze Zeit. Im Winter dagegen nimmst Du etwas mehr Salz, Shoyu, Tamari oder Miso, verwendest mehr Druck und läßt diese einige Wochen hintereinander einwirken.

Sommerpickles

Schneide eine Gurke in dünne Scheiben, die Du auf einen Teller legst und Schicht für Schicht mit etwas Meersalz bestreust. Lege eine umgedrehte Schüssel darüber, auf die Du als Beschwerung noch ein Litermaß mit Wasser stellst. Nach einigen Stunden bis zu einem Tag sind die Pickles fertig. Anstelle von Salz kannst Du auch sehr gut klein geschnittene Stückchen Wakame-Meeresalgen nehmen. Wenn Du noch frische Gartenkräuter, z. B. Dill, dazugibst, verbessert das den Geschmack.

Shoyu-Reis-Essig-Pickles

Schneide Rettich, Radieschen oder Weißrübchen in dünne Streifen, die Du in einen Glastopf in eine Mischung aus halb und halb Reisessig mit Shoyu (oder Tamari) gibst. Schreibe das Datum darauf. Du kannst es nach einem Tag essen, doch der Geschmack wird mit der Zeit besser. Nach einigen Wochen haben sie ihr volles Aroma entwickelt.

Grundrezept für einfache Winterpickles

Nimm einen sauberen, leeren Glastopf mit einem guten Schraub- oder Twist-Off-Deckel. Lege geviertelte oder in Scheiben geschnittene Zwiebeln hinein und presse sie gut zusammen. Wenn keine Zwiebel mehr hineinpaßt, gießt Du zur Hälfte Shoyu (oder Tamari) dazu. Fülle das Ganze anschließend randvoll mit Wasser auf. Verschließe den Topf und schüttle Shoyu und Wasser durcheinander, damit es sich gut vermischt. Klebe ein Etikett mit Datum und Inhalt darauf. In den ersten Tagen sind die Zwiebeln noch so leicht (ausgedehnt und daher yin), daß sie schwimmen. Drücke sie dann regelmäßig unter die Oberfläche der Flüssigkeit zurück, denn das, was darüber hinaus ragt, schimmelt mit der Zeit. Nach rund einer Woche ist der Inhalt so kompakt geworden, also durch Salz yangisiert, daß er nicht mehr schwimmt. Die Zwiebeln passen dann auch sehr gut in den Topf. Stelle den Topf dann einfach ins Licht und lasse ihn bei Zimmertemperatur wenigstens einen Monat ruhen oder besser noch bis zu drei Monaten. Dadurch werden die Pickles noch besser. Nimm immer nur kleine Stückchen zur Mahlzeit oder in einer Nori-Rolle (Seite 137).

Als Varianten dazu kannst Du die Zwiebeln auch durch Möhren, Kürbis, Sellerie, Pastinak, Rettich und Radieschen oder eine Mischung aus allem ersetzen. Je härter das Gemüse ist, und je gröber es geschnitten wird, desto länger dauert es, bis die Pickles schmecken.

Gemüse blanchieren

Bringe in einem kleinen Topf reichlich Wasser mit einer Prise Meersalz zum Kochen. Säubere das Gemüse, schneide es noch nicht, das kannst Du nach dem Blanchieren immer noch tun. Sobald das Wasser kocht, gibst Du immer so viel — oder besser gesagt: so wenig — Gemüse dazu, daß das Wasser nicht zu kochen aufhört. Dazu kannst Du eine Schaumkelle benutzen, doch ein japanischer Fritierschöpflöffel ist wesentlich handlicher. Lasse das Gemüse portionsweise kurz mitkochen.

Blattgemüse ist fertig, sobald es die Farbe verändert. Oft ist das schon nach einer Minute der Fall. Durch die hohe Temperatur und das Salz sind dann die Zellwände abgetötet, während die Zellflüssigkeit größtenteils entzogen wurde. Dadurch ist das Gemüse geschrumpft. Die weiteren Zellinhaltsstoffe sind jetzt gut aufzunehmen. Durch das schnelle Erhitzen des Gemüses ist der Vitamin-C-Verlust minimal, und das, was sich nicht mehr im Gemüse befindet, ist im Blanchierwasser enthalten.

Grobgeschnittenes, härteres Gemüse und Wurzelteile müssen ein wenig länger kochen (drei bis fünf Minuten).

Blanchiertes Gemüse kannst Du sofort essen, vor allem Wurzelgemüse ist auf diese Art noch ein bißchen knusprig und sehr schmackhaft. Du kannst blanchiertes Gemüse gut als Salat machen, z. B. mit einem Tofu-Dressing (Seite 114) oder einem Tahin-Dressing (Seite 115).

Das übriggebliebene Blanchierwasser kannst Du ausgezeichnet für Suppe verwenden. Wenn Du das vorhast, ist es sinnvoll, vor dem Blanchieren schon ein Sückchen Kombu-Meeresalge von 5 bis 10 cm Länge ins Wasser zu geben. Alles zusammen ergibt dann eine gute Brühe. Du kannst es auch umdrehen: Wenn Du sowieso einen Topf Suppe aufwärmen willst, kannst Du darin genauso gut Dein Gemüse für die Mahlzeit blanchieren. Dadurch erhält die Suppe noch mehr Geschmack. Auch das Getreide kannst Du in übriggebliebenem Blanchierwasser kochen. Das verleiht ihm ein sehr eigenes Aroma. Verwende Blanchierwasser niemals, wenn Du sehr bitteres Gemüse darin blanchiert hast, wie Löwenzahnblätter oder Wegerich. Das könnte Deine Suppe oder Dein Getreide beinahe unbrauchbar machen.

Eine ganz andere Art des Blanchierens: Rohes, kleingeschnittenes Gemüse in ein noch kochendes Getreidegericht mischen, wie bei ,,Hirsepüree mit Gemüse" (Seite 93) und bei ,,Gedämpftes Kous Kous" (Seite 101) oder ,,Gekochtes Kous Kous" (Seite 100).

Gemüse kochen

Wasche das Gemüse oder bürste es, wo nötig, ab. Schneide mit einem scharfen Messer schlechte, harte oder holzige Teile weg. Schneide das Gemüse grob oder fein, je nach Wunsch. Mache Streifen, Scheiben, kleine Keile, Blöckchen oder ähnliches. Vor allem aber keine verschiedenen Formen oder Größen durcheinander, dann sind sie nie zur gleichen Zeit gar. Bringe rund 1 cm Wasser mit einer Prise Meersalz zum Kochen und gebe das Gemüse dazu. Lege den Deckel auf den Topf und warte, bis das Ganze wieder kocht. Reduziere dann die Hitze und lasse alles gar kochen. Du wirst durch Probieren oder durch Hineinstechen herausfinden müssen, wann das Gericht fertig ist. Das hängt von der Art des Schneidens und der Menge ab und nicht zuletzt auch noch von Deinem Geschmack. Rechne zwischen fünf und zwanzig Minuten.

Bei den meisten etwas weniger festen Gemüsen brauchst Du das Wasser nicht vorher zum Kochen bringen. Selbst wenn Du es nach dem Waschen mit dem Wasser daran in einen Topf legst, tritt bei Erreichen der richtigen Temperatur genügend Wasser aus den absterbenden, sich zusammenziehenden Zellen aus. Dieser Prozeß wird dadurch noch unterstützt, daß das Gemüse im Topf ein wenig gesalzen oder mit Shoyu betropft wird. Eine noch raschere Art des Aufwärmens (also ein noch besserer Erhalt von Vitamin-C) ist möglich, wenn Du den Topf vorwärmst, etwa durch Rösten von Sonnenblumenkernen, Sesam oder Kürbiskernen.

Eine sinnvolle Art, im Einpersonen-Haushalt ein langkochendes Gemüse wie Rote Bete zuzubereiten, nannten wir schon auf Seite 124.

Gemüse auf Kombu-Meeresalge kochen

Spüle unter dem Hahn ein Stück Kombu-Meeresalge ab, so daß es schlaff wird, und bedecke damit den Boden Deines Topfes. Gieße etwa 1 cm Wasser darauf. Das zieht die Schleimstoffe aus der Alge, die verhindern, daß das Gemüse anbrennt.

Außerdem verleiht Kombu einen bouillonartigen Geschmack. Weiter verfährst Du wie beschrieben. Hole das höchstens halbgare Kombu wieder aus dem Topf, verarbeite es bei nächster Gelegenheit in gleicher Weise oder entsprechend den Rezepten für Kombu (Seite 135)

Gemüseeintopf

Die vorangegangenen beiden Zubereitungsarten können Ausgangspunkt für einen Gemüseeintopf sein, bei dem verschiedene Arten von Gemüsen in Lagen übereinander zugleich gekocht werden. Unten, der Flamme am nächsten, liegt das weichste und yinnste Gemüse, und obenauf das kompakteste, härteste und yangste. Das dazwischen liegende Gemüse ist entsprechend. Mit dem Deckel auf dem Topf läßt Du das Ganze ohne Rühren auf schwacher Flamme gar kochen. Nach 15 bis 20 Minuten, wenn das oberste Gemüse gar ist, ist es das unterste ganz sicher. Vermische das Gemüse kurz vor dem Auftragen. Der Grundgedanke dieses Kochens ist es, das schwächste (yinnste) und im allgemeinen Vitamin-C-haltigste Gemüse so schnell wie möglich zu erhitzen. Eintöpfe mit verschiedenen Gemüsearten lassen sich im Jahresverlauf endlos variieren. Daher sind sie ideal, um Gemüsereste zusammen verarbeiten zu können. Beispiele für den Aufbau von Gemüseeintöpfen findest Du im Anhang hinten in diesem Buch. (Dabei ist immer das yinnste Gemüse, das also unten liegt, zuerst genannt.)

Es ist sehr gut, obenauf oder an der Seite ein Stückchen Seitan oder Tempeh mitzukochen. Sie saugen sich mit der Gemüsefeuchtigkeit voll. Wie wir schon bei den Getreiderezepten gesehen haben, kann das Prinzip des Gemüseeintopfes auch bei einer kombinierten Zubereitung aus Getreide und Hülsenfrüchten eingesetzt werden (Seite 89).

Gemüse dämpfen

Dampf ist im Grunde ebenso heiß wie kochendes Wasser, doch Dämpfen erfolgt über dem Wasser und nicht darin. Es ist also eine weniger wässrige und daher yangere Zubereitungsart als Kochen.

Wasche das Gemüse und schneide es nötigenfalls. Schneide folgendes Gemüse nicht oder nur sehr grob: Blattgemüse, Kohlblätter, Rosenkohl, Porrée, Fenchel, junge Zwiebeln, Radieschen, Zucker- und junge Palerbsen. Folgendes Gemüse schneidest Du ein wenig kleiner: Gurken, Kürbis, Kohlrabi, Sellerie, Rettich, Pastinak und Möhren. Bringe dann in einem Topf ein wenig Wasser zum Kochen. Gib das Gemüse in den Dämpfer und setze diesen in den Topf mit dem Deckel darauf. Doch was sollst Du als Dämpfer benutzen? Es gibt schöne, rostfreie Dämpfer aus Stahl oder aber aus Bambus für wenig Geld, oder vielleicht hast Du zusammen mit Deinem Druckkochtopf schon einen Einsatzbehälter mit

Löchern erworben, den Du zum Dämpfen benutzen könntest. Dämpfen kannst Du auch ausgezeichnet in einem großen Sieb, solange es nur in einen Deiner Töpfe bei geschlossenem Deckel paßt.

Gedämpftes Gemüse ist am besten, wenn es noch ein wenig knackig ist. Bei weichem Gemüse ist das nach rund drei Minuten der Fall, bei härterem Gemüse nach 10 Minuten. Anstelle von Dämpfen über Wasser kannst Du natürlich auch über Suppe oder über einem Topf mit kochendem Getreide dämpfen. Im letzteren Fall mußt Du jedoch ein wenig länger dämpfen, da bei kochendem Getreide weniger Dampf freigesetzt wird als bei kochendem Wasser. Vor allem gelingt es gut über den schneller kochenden Getreidearten wie Hirse, Buchweizen, Bulgur und Kous Kous, sowie sogar über Haferflocken, denn diese entwickeln noch bis kurz vor der Mahlzeit Dampf. Auf Reis kannst Du nur zu Anfang dämpfen, was nicht unbedingt ein Nachteil sein muß, wenn Du Dein gedämpftes Gemüse mit einem Dressing zu Salat verarbeiten möchtest. Am besten experimentierst Du selbst mit den verschiedenen Möglichkeiten.

Für das Dämpfen über Getreide brauchst Du übrigens in den meisten Fällen nicht einmal einen Dämpfer. Denn hierbei kannst Du nämlich von einem bestimmten Moment an das Gemüse einfach lose auf das Getreide legen und es wieder herunternehmen, sobald es gut ist. Aber Du kannst das Gemüse nach dem Dämpfen auch mit dem Getreide zu einem Eintopf vermischen.

Dämpfen ist schließlich eine wichtige Art, Mahlzeiten aufzuwärmen, ohne das Risiko einzugehen, daß etwas anbrennt. Es ist auch für Getreide gut geeignet, vor allem aber für sehr altes Brot.

Gemüse anbraten und schmoren

Wenn Du Gemüse in einen leicht geölten Topf legst, erreichst Du bei ausreichender Hitze wesentlich höhere Temperaturen als beim Kochen oder Dämpfen. Das nennt man Anbraten. Wende das kleingeschnittene Gemüse dabei regelmäßig und gib nötigenfalls eine Prise Meersalz oder einige Tropfen Shoyu dazu. Anbraten beginnt meist mit Zwiebeln oder Porrée, doch Du kannst auch allerlei anderes Gemüse oder sogar Samen dazugeben.

Anbraten ist nur selten eine Zubereitungsweise an sich, höchstens für Zwiebelringe zu gebratenem Seitan (siehe Seite 104) oder ähnlichem.

Meist ist es der Anfang einer Zubereitungsart. Sobald genügend gebräunt ist (wenn die Zwiebel z. B. schöne goldbraune Ränder aufweist), wird die Flamme heruntergedreht und auf den Topf kommt ein Deckel. Kochen mit etwas Öl auf kleiner Flamme heißt „Schmoren". Das Schmoren setzt Du solange fort, bis das Gemüse so ist, wie Du es haben willst.

Gemüse braten

Das Braten von Gemüse ist im Grunde nichts anderes als das Fortsetzen des Anbratens von etwas größeren Gemüsestücken, bis eine schöne braune Kruste entstanden ist. Einige Gemüsearten kannst Du sehr schmackhaft braten, etwa Kürbisscheiben oder Selleriestücke von ca. 1 cm Dicke. Bestreiche sie zuvor dünn mit Miso und brate sie von beiden Seiten goldbraun.

Gemüseaufläufe

Gemüseaufläufe sind Zubereitungen, die ein wenig länger dauern und hohe Temperaturen erfordern. Sie sind also recht yang. Da lange nicht alle unsere Leser einen Backofen haben, möchten wir in diesem Zusammenhang nicht näher darauf eingehen.

Gemüse fritieren

Um Gemüse zu fritieren, schneidest Du es zunächst in handliche Stücke, wobei Du Blattgemüse so weit als möglich ganz läßt. Anschließend tauchst Du es in einen zuvor zubereiteten Teig. Bringe unterdessen in einem kleinen etwas höheren Topf genügend Öl auf Temperatur. Zum Fritieren ist Sonnenblumenöl geeignet: Es hat die nötigen Eigenschaften und ist auch bezahlbar. Das Öl ist heiß genug, wenn ein Tropfen des Teigs, den Du hineinfallen läßt, sofort wieder an die Oberfläche steigt, d. h., daß der Teig sofort „verschlossen" wird und nur wenig Öl aufnimmt. Andererseits darf das Öl auch nicht qualmen. Tauche das Gemüse Stück für Stück ins heiße Öl und brate es goldbraun. Anschließend läßt Du das fritierte Gemüse auf Papierservietten oder mehrfach gefaltetem Küchenpapier abtropfen. Verzehre fritierte Gerichte möglichst frisch. Dann sind sie noch lecker knusprig.

Den Fritierteig fertigst Du aus 100 ccm Mehl, halb Buchweizen, halb Weizen, einem Teelöffel Arrow-Root und einer Prise Meersalz. Diese Zutaten vermischst Du trocken und gibst dann soviel Wasser dazu, daß sie die Konsistenz von Pfannkuchenteig erhalten. In diesem Rezept übernimmt Arrow-Root mehr oder weniger die Rolle des sonst üblichen Eis von früher. Wenn Du von dieser Masse etwas übrigbehältst, kannst Du am nächsten Tag noch sehr gut Pfannkuchen daraus machen.

Fritierte Gerichte werden sehr schnell fett. Bereite sie daher höchstens ab und zu einmal, als festliche Beilage, neben Getreide und anderem Gemüse. Mache darüber hinaus immer eine Dipsoße dazu, um auf diese Weise die Verdauung des Fritieröles zu erleichtern. Eine gute Dipsoße ist folgende: Ein Drittel Shoyu und zwei Drittel Wasser mit einigen Tropfen Saft von frisch geraspelter Ingwerwurzel, die Du in einem Tuch mit den Fingern auspreßt. Anstelle des Ingwers kannst Du auch Ingwerpuder nehmen, doch frischer Saft ist wesentlich besser. Wenn Du essen willst, tunkst Du das fritierte Gemüse in die Dipsoße. Wenn Du keinen Ingwer bekommen kannst, kannst Du auch frisch geräspelte und in diesem Fall einmal rohe Radieschen oder Rettich mit ein wenig Tamari nehmen und dies zusammen mit dem fritierten Gemüse essen.

Ein sehr leckerer Sommernachtisch, den wir noch erwähnen möchten, sind fritierte Holunderblüten.

Meeresgemüse

Meeresgemüse oder Algen? Das hängt ganz von Dir ab. Manche Menschen, die „normal" essen, empfinden zu Anfang einigen Widerstand gegen den Verzehr von Algen. Um diese Leute nicht allzu kopfscheu zu machen, wurde der Begriff „Meeresgemüse" eingeführt. Doch biologisch gesehen handelt es sich um Algen. Übrigens mag man durchaus glauben, daß der Verzehr von Algen unnormal sei, doch das ist falsch. Von Küstenbewohnern wurden seit alters her allerlei Pflanzen aus dem Meer gegessen. Nur hier und dort ist davon noch etwas geblieben. Eine Meeresalge, wie z. B. Kombu, die heute nur noch als amerikanischer oder japanischer Import erhältlich ist, wurde in Europa in der Frauenheilkunde und in der Chirurgie verwendet. Das Problem ist, daß wir uns so weit von unseren traditionellen Eßgewohnheiten entfernt haben, daß wir sie oft überhaupt nicht mehr kennen. Übrigens ist unser Meer inzwischen so verschmutzt, daß man das mit in Erwägung ziehen muß, bevor man Algen aus unseren Meeren ißt!

Die fünf gebräuchlichsten Arten

Glücklicherweise findest Du im Naturkostladen eine ganze Reihe getrockneter Meeresalgen, die meist aus Japan kommen, aus einem kalten sauberen Meer, weit entfernt von aller industriellen Verschmutzung. Beachte, daß alle Algen immer aus „biologischem" Anbau stammen!

Die fünf gebräuchlichsten Arten wollen wir insbesondere empfehlen: Kombu, Wakame, Arame, Nori und Kanten. Du kaufst sie meist nach Gewicht. Mit nur wenig davon kommst Du lange aus und sie bleiben auch monatelang haltbar. Sie sind also nicht so teuer, wie es zunächst scheint. Zu Hause schneidest Du von den beiden erstgenannten Arten die benötigten Stücke ab (passe auf, Deine Schere wird rosten!). Arame besteht aus kleinen harten Fäden. Nori kaufst Du in Päckchen mit viereckigen Blättern. Kanten sind Stäbe, Flocken oder Puder. Davon nimmst Du nur so viel, wie Du gerade benötigst.

Meeresalgen brauchen nicht oder kaum gewaschen zu werden. Kombu und Wakame wischst Du höchstens mit einem feuchten Tuch ab. Sie sind zuweilen ein bißchen mehlig. In Arame findet sich oft noch Sand,

Du mußt das also doch waschen. Mach es ebenso wie mit Sesam. Denke aber daran, daß ein großer Teil des Nährwertes von Algen vermutlich an den Außenseiten zu finden ist. Wie wir schon sahen, sind Algen wichtige Lieferanten verschiedener Mineralien wie Kalzium und Vitamin B12. Untersuchungen haben das bestätigt. Darüber hinaus sind sie sogar „reinigend", doch dann in einem besonderen Sinne. Sie führen nämlich Schwermetalle und sogar radioaktive Isotope wie Strontium 90 aus Deinem Körper ab, und das ist in diesen Zeiten nötiger denn je!

Kombu

Kombu ist in den vorhergehenden Rezepten schon mehrfach erwähnt worden: Als Ergänzung zu Hülsenfrüchten (um diese besser verdaulich zu machen), in fast allen Rezepten mit Hülsenfrüchten, als Geschmacksverfeinerer in der Brühe (etwa bei gekochten Nudeln, Seite 102) und auf dem Boden eines Topfes beim Kochen von Gemüse, um Anbrennen zu verhindern (Seite 120). Kombu erfordert eine recht lange Kochzeit, bis es richtig gar ist: Rechne mit etwa einer Stunde, dann ist Kombu gar. Das Mitkochen mit Hülsenfrüchten ist für diese gut, doch es macht auch das Kombu gar. Der feine Geschmack von Kombu kommt am besten bei Brühenzubereitungen für Suppen, Nudeln usw. zur Geltung. Das beste Ergebnis erzielst Du, wenn Du etwas Kombu einige Zeit vorher einweichst. Bei zahlreichen Zubereitungsarten mit kurzen Kochzeiten, vor allem bei Eintöpfen, behältst Du ein bestenfalls halbgares Stück Kombu übrig. Natürlich kannst Du ein solches Stück am nächsten Tag für den gleichen Zweck noch einmal verwenden. Es gibt aber auch noch weitere Möglichkeiten.

Gebratenes Kombu

Schneide einen Teil des nach dem Kochen von Gemüse übriggebliebenen halbgaren Kombu in viereckige Stückchen von 2 cm Seitenlänge und brate sie anschließend in einer schwach geölten Pfanne auf beiden Seiten hellbraun. Das schmeckt sehr gut. Wenn Du es herzhaft magst, kannst Du sie zum Schluß auch noch mit einigen Tropfen Shoyu besprengen. Iß das nicht zu häufig, denn gekochtes Kombu, gebraten mit Shoyu, ist ziemlich zusammengezogen (yang). Vom restlichen Teil des Kombu kannst Du Kombustreifen machen.

Kombustreifen

Schneide einen Teil des nach dem Kochen von Gemüse übriggebliebenen halbgaren Kombu in lange Streifen von 2 mm Breite. Koche diese anschließend auf kleiner Flamme in einer Mischung aus einem Teil Tamari oder Shoyu und zehn Teilen Wasser für wenigstens 30 Minuten weiter gar. Lasse sie dann abkühlen und verwahre sie in einem gut schließenden Topf (sie bleiben lange verwendbar). Zu jeder Mahlzeit kannst Du dann einige Streifen nehmen, etwa in Form einer Verzierung auf Deinem Salat. Weiterhin kannst Du sie gut in Nori-Rollen verarbeiten (Seite 137).

Wakame

Wakame ist vor allem wichtig, um Suppen zuzubereiten. Es muß noch kurz eingeweicht werden und ist sehr schnell gar. Darüber hinaus verweisen wir auf das Grundrezept für Suppe (Seite 140).

Arame

Arame wird als Beilage zu anderen Gemüsen verwendet. Für eine Person nimmst Du soviel, wie zwischen Daumen und Zeigefinger paßt. Nach dem Waschen muß Arame noch etwa 10 Minuten eingeweicht werden. Das Einweichwasser verwahrst Du natürlich wieder für Suppen oder Soßen.

Gebratenes Arame

Brate Zwiebeln oder anderes Gemüse nach Wahl in einem schwach geölten Topf an. Gib Sonnenblumenkerne, Sesam, fein zerdrücktes Tofu, Tempeh oder Pilzstücke dazu und lasse diese mitbräunen. Gib einen oder zwei Teelöffel Shoyu und etwas eingeweichtes Arame dazu. Brate das Ganze noch etwa 10 Minuten. Rühre gelegentlich um. Es ist herrlich würzig und kann zusammen mit gekochten Nudeln gegessen werden.

Nori

Im Naturkostladen kaufst Du Nori in Päckchen mit Blättern von ca. 20 x 20 cm, die Du mit dünnem Papier vergleichen kannst. Es handelt sich dabei um eine der meistverzehrten Meeresalgen. In England wird sie immer noch geerntet und auf verschiedene Arten zubereitet. Die Nori-Blätter sind dunkelviolett-braun. Meist wird Nori als einzige Zubereitung kurz — etwa 30 Sekunden — über einer Gasflamme geröstet. Wenn Du es zu lange röstest oder zu viel an einer Stelle, beginnt es zu brennen. Durch Rösten wird Nori knuspriger und verändert seine Farbe in ein viel helleres Olivgrün. Das kommt daher, daß der violette Farbstoff durch die hohen Temperaturen zerfällt und der vorher unsichtbare grüne Farbstoff zu erkennen ist. Nori ist reich an Vitamin A.

Geröstetes Nori als Gewürz

Röste ein Blatt Nori in der Gasflamme. Zerreibe es über dem Getreide oder der Suppe so weit wie möglich mit den Händen zu Pulver. Du kannst damit auch andere Speisen würzen.

Nori-Röllchen

Röste ein Blatt Nori in der Gasflamme. Lege Deine Sushi-Matte mit den Bambusrippen quer und mit den flachen Seiten nach oben vor Dich hin und lege das Nori darauf. Bestreiche anschließend das Nori mit einer Schicht Getreide (oder Nudeln) von etwas weniger als 1 cm Dicke. Lasse am Dir zugewandten Rand unten rund 2 cm und oben etwa 3 cm übrig. Auf diese Getreideschicht kannst Du unten noch Gemüse legen, parallel zur Längsrichtung der Bambusrippen. Gib etwas Umepaste oder eingelegtes Gemüse und feingehackte Kräuter hinzu. Du kannst auch etwas Gomasio darüber streuen. Dann feuchtest Du das unbedeckte Nori an Ober- und Unterrand mit dem Finger an und rollst die Sushi-Matte mit dem Nori-Blatt darauf (von Dir weg) zusammen, so wie Du einen Pfannkuchen aufrollst. Indem Du mit dem Finger außen auf die Matte drückst, drückst Du das Getreide in der Rolle gleichmäßig fest. Schlage

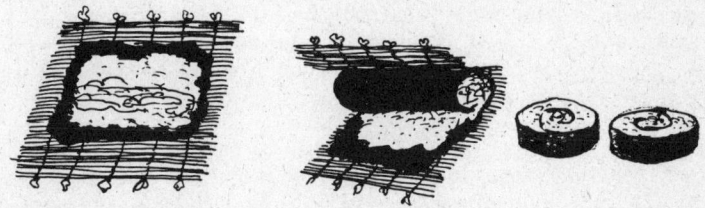

die Matte nicht weiter als zu Dreiviertel um die Nori-Rolle herum und rolle sie von dort an wieder über der Rolle zusammen. Langsam weiterrollend wird die Nori-Rolle dann fertig. Wenn Du sie aus der Matte rollst, drückst Du den ,,Klebestreifen'' aus nassem unbedecktem Nori mit den Fingern noch einmal gut an. Anschließend schneidest Du mit einem Messer etwa 1 cm dicke Stücke ab.

Kanten

Kanten ist kein vollwertiges Nahrungsmittel, sondern eine pflanzliche Art von Gelatine, hergestellt aus Algen. Man bezeichnet das auch als Agar Agar. Es wird oft als Nährboden für Mikroorganismen verwendet. Das angebotene Kanten kommt meist aus Japan, doch die Alge, die zur Zubereitung dient, gibt es auch in unseren Breiten, in den Meeren um England.

In der Einpersonenküche ist Kanten ein ideales Verdickungsmittel für Desserts. Es enthält fast keine Kalorien und wirkt stimulierend auf die Verdauung. Wie schon gesagt, kannst Du Kanten in Stäben, als Flocken und als Pulver kaufen. Flocken und Pulver sind zwar teurer, aber bequemer in der Verwendung. Puder ist häufig schwieriger zu bekommen.

Kanten-Fruchtdessert

Nimm eine Tasse Fruchtsaft, z. B. Apfel- oder Birnensaft, Holunder- oder Heidelbeersaft. Gib zu dem Saft einen gestrichenen Eßlöffel (=1/10 Päckchen) Kantenflocken oder ein Drittel von dem in kleine Stückchen gebrochenen Kantenstab. Rühre alles gut um und lasse es eine Viertelstunde lang einweichen. Lege anschließend einige Früchte in eine angefeuchtete Puddingschale, ganz oder kleingeschnitten, ganz wie Du willst. Bringe den Fruchtsaft zusammen mit dem Kanten zum Kochen. Rühre gelegentlich um und lasse alles zusammen etwa 5 Minuten köcheln. Wenn das Kanten vollständig ausgelöst ist, gießt Du den Saft über die Früchte und in die Schale. Beim Abkühlen geliert der Saft. Schließlich kannst Du diesen Nachtisch sogar auf ein Tellerchen stürzen. Es ist eine gute Sache, wenn Du die frischen Früchte noch kurz mit dem Saft mitkochst. Dadurch wird die Frucht selbst blanchiert und gibt etwas von ihrer Farbe an den Gelee ab.

Auch Gerichte mit Kanten auf der Grundlage von Gemüsebrühe und nicht zu gar geschmortem Gemüse, wie Blumenkohl, sind sehr lecker.

Suppen

Suppekochen ist eine gute Art, möglichst viele Reste zu „recyclen". Bevor Du Suppe machst, mußt Du daher nachsehen, was Du noch übrig hast und in der Suppe verwenden kannst. Zunächst einmal brauchst Du für einen neuen Topf Suppe nur höchst selten auch frisches Wasser, denn Du kannst Reste vom Gemüsekoch- oder Blanchierwasser verwenden. Vielleicht hast Du sogar absichtlich etwas mehr Wasser dafür genommen, damit es später für die Suppe gut reicht. Und vielleicht hast Du noch Kochwasser von einem Gemüsegericht auf Kombu übrig. Das ist sehr aromatisch und als Grundlage für Suppe ausgezeichnet geeignet. Das gleiche gilt übrigens auch für Hülsenfrüchtekochwasser, mit Kombu oder ohne. Schließlich weisen wir noch auf das Kochwasser von Nudeln hin, womit Du eine eher cremige, etwas gebundene Suppe erhältst. Vergiß auch das Einweichwasser von Meeresalgen, wie Wakame oder Arame, nicht. Wir sahen schon, daß der Nährwert der Algen wohl zu einem Großteil an der Außenseite der Algen zu finden ist, daher ist es so wichtig, das Einweichwasser weiterzuverwenden.

Als Suppengemüse kannst Du häufig weniger schöne Exemplare, wie Anschnitte oder Reste verwenden. Da Du Suppengemüse meist recht klein schneidest, leiden darunter Qualität und Aussehen der Suppe auf gar keinen Fall. So lernst Du den Wert der äußeren losen Blätter von Rosenkohl, der Wurzeln von Porrée und Sellerie, halb verfaulter Zwiebeln, deren schlechten Teil Du natürlich weggeschnitten hast, und der dünnen, in Scheiben geschnittenen Nerven und Stiele von Weißkohl und anderen Kohlsorten, Radieschen oder Rettichlaub schätzen. Wir haben auch darüber gesprochen, wie Du allerlei Getreidereste in Deiner Suppe verwenden kannst. Die vier Beispielschemata hinten in diesem Buch weisen auf eine Reihe von Möglichkeiten hin, wie Suppe aus einem bestimmten Menü „entstehen" kann.

Meeresalgen und Fermentationsprodukte

Mache aus Deiner täglichen Suppe einen festen Bestandteil mit zwei Pfeilern der makrobiotischen Ernährung: Meeresalgen und Fermentationsprodukte. In der Praxis läuft es darauf hinaus, daß Du in den meisten Deiner Suppen Wakame verwendest, da es am schnellsten zu verarbeiten ist. Hast Du dagegen Einweichwasser mit garem Kombu, dann kannst Du das Kombu natürlich kleinschneiden und in der Suppe verwenden. Weiterhin kannst Du Nori als Gewürz über Deine Suppe streuen. Als Fermentationsprodukt verwendest Du vorzugsweise Miso, um Deine Suppe damit abzuschmecken. Willst Du einmal eine etwas heller gefärbte Suppe essen, so verwendest Du Meersalz anstelle von Miso.

Grundrezept für Misosuppe mit Wakame

Weiche ein Stück Wakame von etwa 5 cm Länge in einer Suppentasse mit Wasser ein. Wenn Du noch übriggebliebenes Gemüsewasser oder Blanchierwasser hast, nimmst Du das natürlich. Lasse das Wakame 10 Minuten einweichen und schneide es anschließend klein. Bräune anschließend Suppengemüse nach Wahl in schwach eingeöltem Topf (z. B. Zwiebelscheiben und Möhren, Sellerie oder Porrée). Wenn das Gemüse genügend braun ist, gibst Du das Einweichwasser und das kleingeschnittene Wakame hinzu. Dann läßt Du alles zusammen noch 10 Minuten köcheln.

Du schaltest dann die Flamme ab und verfeinerst die Suppe mit etwas Miso (1 Teelöffel). Bei dem Gemüse hast Du natürlich verschiedene Variationsmöglichkeiten. Indem Du einen Eßlöffel rohe Haferflocken je Tasse Suppe mitkochst, erhältst Du eine gebundene Suppe. Das gleiche gelingt Dir auch mit garen Getreideresten. Sehr gut ist eine Suppe mit Tofublöckchen (Seite 114) oder Tempehblöckchen (Seite 116). Wenn Du kein Öl verwenden willst, kannst Du auch alles Gemüse zusammen mit dem Einweichwasser des Wakame kochen. Zum Schluß kannst Du Deine Suppe noch mit feingehackten, rohen Kräutern garnieren.

Soßen

Viele Menschen sind noch sehr dem Geschmack und der Konsistenz ihrer früheren Eßgewohnheiten verbunden. Sie haben dann oft das Bedürfnis gelegentlich in ihrer eigenen Einpersonen-Naturkostküche wieder einmal so etwas zu machen. Anstelle des Fleisches bereiten sie sich eine andere gebratene Speise zu (Reisburger, Tofukuchen, Tempeh oder Seitan) und anstelle von Kartoffeln sind sie mit Getreide zufrieden. Doch wo finden wir den Bratensaft? Wenn das auch für Dich ein Problem ist, so kannst Du es mit Soßen aus diesem Kapitel versuchen.

Wir möchten aber nicht zu oft Geschmack von früher, ausgehend von neuen Auffassungen und Zutaten, imitieren. Das führt nämlich leicht zu Enttäuschungen. In der Makrobiotik kannst Du nun einmal nicht sagen, daß Du Fleisch ersetzt durch.... und Joghurt durch.... Nein: Anstelle eines gesamten Nahrungsmittelkonzeptes tritt ein anderes in seiner Gänze. Aber dennoch können Soßen beim Übergang helfen.

Ein anderer Vorteil guter Soßen ist der, daß Du sie auch als Brotaufstrich verwenden kannst. Vielleicht ein wenig herzhafter, mit etwas mehr Shoyu und etwas dicker gebunden, mit etwas Bohnenpüree oder mit gekochten Haferflocken.

Das Ersetzen des alten vertrauten Brotaufstrichs ist nämlich oft auch so ein Problem, daß man in der ersten Zeit der Umstellung hat. Dennoch ist es sicher nicht gut, fortwährend all Dein Getreide unter einer dicken Schicht Soße zu verstecken. Ein wenig Soße kann sehr gut mit etwas trockenerem Getreide kombiniert werden, doch mit Soße läufst Du schnell Gefahr, das gute Getreide in ,,Schnell-Essen" zu verwandeln. Und dann hörst Du oft: ,,Dieses Essen belastet mich" oder ,,Es ist so schwer", was natürlich ganz und gar nicht am Essen liegt, sondern am fehlenden Kauen! Nimm also lieber neben Deinem Getreide nur wenig Soße, vermeide Getreide, das in Soße schwimmt, wie die in Tunke zerquetschten Kartoffeln von früher.

Wie machst Du Soße?

Bei vielen Soßen beginnst Du — wie bei Suppe — mit Resten von Gemüsekochwasser, Blanchierwasser usw. Außerdem nimmst Du oft gar gekochte, vielleicht zu Püree zerstampfte Hülsenfrüchte, sowie leckere und aromatische Gemüse und Kräuter der Saison wie Zwiebeln, Porrée, Fenchel, Sellerie und Sellerielaub, Schnittlauch, Petersilie, Liebstöckel (Maggipflanze), Kerbel, Thymian, Dill usw. Das Binden einer solchen Soße erfolgt vorzugsweise mit Arrow-Root, dem Stärkemehl einer Wurzelpflanze. Das funktioniert sehr gut und ergibt ein schönes, durchsichtiges Produkt. Du verlängerst das Arrow-Root-Pulver mit ein wenig Kochwasser zu einem dicken Brei. Diesen rührst Du in die Soße, die Du dann zum Kochen bringst, wobei das Ganze plötzlich dick wird (geliert). Du läßt die Soße noch ein wenig weiterkochen und nachdem sie fertiggekocht ist, würzt Du sie mit Shoyu, Miso oder Umepaste. Garniere mit feingehackten frischen Gartenkräutern.

Für ein noch würzigeres, krautigeres, weniger alltägliches Ergebnis kannst Du auch frisch geraspelte Ingwer- oder Meerrettichwurzel, Nattomiso, Senf, Knoblauch, Curry oder Zimt nehmen, für etwas festere Konsistenz etwas Nußpaste oder Tahin. Besser ab und zu etwas yangisierte Nußpaste in einer Soße, als roh aufs Brot! Schließlich ist ein Soßenrest wieder eine ausgezeichnete Zutat für eine neue Suppe.

Hülsenfruchtsoßen (Grundrezept)

Hülsenfruchtsoßen kannst Du aus fast allen getrockneten Hülsenfrüchten herstellen. Gib zu 100 ccm Hülsenfruchtkochwasser einige gare Hülsenfrüchte, einen Eßlöffel ungesalzenes Tahin (weiß oder braun) oder Nußpaste dazu. Rühre sofort auch einen Teelöffel Arrow-Root hinein. Bringe diese Mischung unter dauerndem Rühren zum Kochen und lasse sie für etwa 5 Minuten weiterkochen. Gib an diese inzwischen dick gewordene Soße etwas Shoyu oder Miso. Abschmecken mit feingehackten Kräutern.

Hummus-Tahini

Wie im vorstehenden Rezept, jedoch mit Kichererbsen, Tahin, Umepaste, Zitronensaft und feingeriebenem Kümmel.

Braune Bohnen-/Apfelsoße

Wie oben beschrieben, jedoch aus braunen Bohnen und mit kleinen Apfelstückchen, die mit kleingeschnittenen Zwiebeln zusammen gebräunt wurden, etwas Zimt und vielleicht auch noch Curry. Keine Tahin- oder Nußpaste.

Kürbis- Selleriesoße (Grundrezept)

Schneide je eine Scheibe von 1 bis 2 cm Dicke von Sellerie und Kürbis, die Du wiederum zu Würfeln zerkleinerst. Koche alles zusammen in 100 ccm Wasser in einer Viertelstunde gar. Anschließend stampfst Du es mit einem Püreestampfer oder vielleicht auch in Deinem Mörser zu Mus. Binden ist meist nicht nötig. Geschmacklich mit Shoyu oder Miso verfeinern und mit feingehackten frischen Kräutern garnieren.

Diese Soße läßt sich vielfältig variieren. Anstelle des Kürbis können gare grüne Erbsen oder anstelle des Sellerie kann etwas feingehackter roher Porrée, ein Eßlöffel (ca. 15 ccm) Erdnußcreme oder gare weiße Bohnen genommen werden.

Senfsoße

Bräune eine kleingeschnittene Zwiebel in schwach geöltem Topf. Sobald sie schön goldbraun ist, schaltest Du die Flamme herunter. Dann gibst Du eine Messerspitze Umepaste dazu, einen Teelöffel Senf und einen Eßlöffel Shoyu. Nimm 100 ccm Flüssigkeit und löse darin einen Teelöffel Arrow-Root auf und gib das zu den anderen Zutaten. Lasse alles zusammen unter dauerndem Rühren aufkochen und gelieren. Durch den säuerlichen, scharfen Senfgeschmack ergibt sich eine yinnere sommerliche Soße.

Würzige Ingwersoße

Bräune eine kleingeschnittene Zwiebel in einem schwach eingeölten Topf. Gib einen Teelöffel frisch geraspelte Ingwerwurzel dazu. Sobald die Zwiebel schön goldbraun ist, fügst Du noch einen Eßlöffel Nattomiso und eine Messerspitze Gerstenmalzsirup hinzu. Nimm 100 ccm Flüssigkeit und löse darin einen Teelöffel Arrow-Root auf. Gib das Ganze zu den anderen Zutaten. Lasse alles zusammen unter Rühren aufkochen und gelieren. Diese Soße ist mit frischgehacktem Liebstöckel am leckersten. Wegen des aromatisch scharfen Geschmacks ist es eine yinnere sommerliche Soße.

Getränke

Wenn Du etwas trinken willst, bevorzuge warme Getränke. Im Sommer sind sie besonders durstlöschend, im Winter wärmend. Kalte Getränke sind nicht natürlich und „erfrieren" die Verdauung der Nahrung.

Auch mit der Getränkeauswahl kannst Du Dich an die Jahreszeit halten: im Frühjahr Getränke auf Basis junger Blätter und Blüten, im Sommer auf Grundlage von Blättern, Blüten und Früchten, im Herbst auf Basis von Blättern, Früchten und Samen und im Winter auf Grundlage von Samen, holzigeren Teilen und Wurzeln. Im späten Frühling z. B. Holunderblütentee, im Sommer Birkenblatt-Tee, im Herbst Hagebuttentee und im Winter Tee aus Fenchelsamen und Süßholz. Es ist vielleicht nicht einfach, immer genau die richtigen Zutaten zur Hand zu haben. Aber: Für Frühjahr- und Sommertee kannst Du sie leicht frisch (draußen) pflücken, in Einpersonen-Portionen und für einen Tag. Das hängt ganz davon ab, wo Du lebst. Und vielleicht findest Du Teetrinken auf diese Art komisch und ungewohnt. In diesem Fall raten wir Dir, einen guten Tee zu kaufen, den Du das ganze Jahr über trinken kannst: Dreijahrestee. Dieser Tee stammt von ganz genau derselben Pflanze wie normaler schwarzer Tee, doch gießt man diesen Tee von kleinen Blättern, Stengeln und Zweigchen auf, die ganz unten an der Pflanze wachsen. Sie werden erst dann gepflückt, wenn sie an der Pflanze getrocknet sind. Davor hat man sie drei Jahreszeiten („drei Jahre" lang hängen lassen. Das Resultat ist dadurch yang.

Normaler Tee wird gerade von den jungen, zarten Blättchen an der Pflanzenspitze gewonnen und ist daher also yin. Als Folge des natürlichen Trocknungsprozesses des Dreijahrestees ist der Gerbsäure- und Teeingehalt wieder auf Null gesunken. Dadurch kannst Du solchen Tee ruhig mehrmals hintereinander wirklich kochen lassen, ohne daß der Geschmack darunter leidet. Im Sommer nimmt man mehr die Blätter von Dreijahrestee und im Winter mehr die Zweige.

Das Trinken von Bohnenkaffee solltest Du besser unterlassen. Er ist ein bearbeitetes tropisches Produkt und wirkt viel zu stimulierend. Wenn Du gut ißt, brauchst Du das nicht. Es verleiht Dir falsche Energie. Du mußt diesen „Anreger" mit einer Verschlechterung Deiner Kondition erkaufen. Versuche lieber, mit einem Kaffee-Ersatz auf Basis gerösteten Getreides und Hülsenfrüchten (etwa Yannoh) oder gerösteten Wurzeln (wie Dendelio oder Zichorie) auszukommen.

An heißen Sommertagen ist ein kleines Glas Apfelsaft sehr lecker. Stelle diesen Apfelsaft dann selbst aus eingedicktem biologischen Apfelsaft her. Wenn Du einmal etwas feiern möchtest, trinkst Du gutes, natürlich gebrautes Bier aus biologisch angebauter Gerste oder roten Wein aus biologisch angebauten Trauben. Roter Wein enthält übrigens weniger unerwünschte Zusätze als Weißwein, insbesondere Konservierungsstoffe, da die Traubenschalen, die die rote Farbe verleihen, selbst konservierend wirken.

Dreijahrestee

Röste einen Teelöffel Dreijahrestee im trockenen Stieltopf. Sobald er zu duften anfängt, ist er fertig. Gieße dann drei Viertel Liter Wasser dazu und lasse das Ganze aufkochen. Gieße den Tee nach fünf Minuten leichten Kochens durch ein Teesieb in eine Thermoskanne. Wenn der Tee nach längerer Zeit abgekühlt ist, wärmst Du ihn wieder auf. Er wird höchstens etwas dunkler, doch sein Geschmack bleibt gut. Du brauchst nie einen Tropfen Tee wegzuschütten! Lerne Teetrinken ohne Zusätze wie Milch und Zucker. Du kannst Dreijahrestee ausgezeichnet mit anderen Teearten von frischen Pflanzen der jeweiligen Jahreszeit mischen.

Yannoh, Dendelio und Zichorie

Bringe drei Viertel Liter (eine Thermoskanne voll) Wasser zum Kochen, gib acht volle Teelöffel Yannoh, Dendelio oder Zichorie dazu und lasse das Ganze noch einmal aufkochen und fünf Minuten köcheln. Sei vorsichtig, denn vor allem Yannoh kocht garantiert über, wenn Du mal gerade nicht achtgibst. Schalte dann die Flamme ab und gieße das Getränk durch ein Teesieb in die Thermoskanne. Alle drei Getränke können ohne Geschmacksverlust aufgewärmt werden.

Wenn es einmal etwas zu feiern gibt

Es kann vorkommen, daß Du zur Feier eines besonderen Ereignisses etwas Besonderes für Deine Gäste machen willst. Wenn Deine Umgebung hört, daß Du ganz anders ißt, als man normalerweise gewohnt ist, glaubt man meist, daß das überhaupt nicht schmeckt und daß allerlei fehlt. Genau das Gegenteil willst Du Deinen Gästen beweisen. Es gibt natürlich sehr viele Möglichkeiten, Festmahle zuzubereiten. Um Dir ein wenig dabei zu helfen, folgen hier einige Ideen für ein festliches Getränk mit einer Kleinigkeit dazu, ein kaltes Buffet und ein Menü aus vier Gängen für mehrere Personen — und alles aus der Einpersonenküche.

Festliche Getränke

Ein Getränk mit einem ganz besonderem Geschmack, das fast jeder lecker findet, ist Mutee. Dabei handelt es sich um eine Mischung aus bis zu 16 verschiedenen, feingehackten und getrockneten Wurzeln, Stielen, Blättern und Früchten, die in Japan zusammengestellt wird. Kein Tee für jeden Tag also. Dazu ist er auch zu teuer. Der Geschmack ist jedoch etwas ganz Besonderes (außerdem ist er ein ausgezeichnetes Mittel gegen Halsschmerzen und Heiserkeit). Mutee gießt Du auf, indem Du zwei Teelöffel getrocknete Kräuter fünf Minuten lang in drei Viertel Liter Wasser kochen läßt. Danach kannst Du die herausgesiebten Kräuter noch einmal für einen Aufguß verwenden.

Aus „normalem" Mutee, der alles in allem ein recht yanges Getränk ist, machst Du ein eher neutrales festliches Getränk für das ganze Jahr, indem Du je Tasse einen Schuß Apfel- oder Birnendicksaft hinzugibst. Serviere den Tee in einem Glas und lasse eine ganz dünne Zitronenscheibe darin schwimmen. Du kannst den Tee am besten frisch aufgießen, sobald die Gäste kommen. Dann können sie auch noch den Duft mitgenießen. Doch das ist nicht unbedingt nötig. Du kannst den Tee auch im voraus fertigmachen.

Schließlich nannten wir bereits im letzten Kapitel Wein aus biologischen Trauben und Bier aus biologischer Gerste.

Süße Knabbereien

Als süße Knabbereien zum Tee kannst Du Kous Kous-Trüffel machen (Seite 101) oder Kous Kous-Torte (Seite 101), die Du schon vorbereitest.

Party-Häppchen für ein kaltes Büffet

Sehr einfach und gut sind geröstete Sonnenblumenkerne (Seite 120) und geröstete Kürbiskerne (Seite 123). Wenn möglich, sollte das Rösten vor dem Auftragen erfolgen. Einmal geröstet, ziehen diese Leckereien viel Feuchtigkeit an, so daß sie schon bald nicht mehr knusprig sind.

Sehr delikat und darüber hinaus auch ein Genuß fürs Auge sind Nori-Röllchen (Seite 137), gefüllt mit Stückchen würziger Pickles (Seite 127), Gomasio (Seite 122) und feingehackten frischen Kräutern.

Mache sie als Party-Häppchen für Gäste, die Dein Essen nicht gewöhnt sind, etwas herzhafter als Du es für Dich selbst zubereiten würdest.

Großen Erfolg haben immer wieder die frisch fritierten Leckereien: z. B. fest gekneteten Getreidebällchen, gefüllt mit herzhaften Pickles, die eine goldbraune Kruste erhalten oder ganz dünnen Scheiben Tempeh, verschiedene Gemüsearten oder Seitanstückchen. Bei Gemüse und Seitan verwendest Du einen Fritierteig (Seite 129). Auch Tofu-Kuchen (Seite 115) eignen sich gut zum Fritieren. Wenn Du sowieso Fritieren möchtest, kaufst Du am besten gleich Weizen-Chips im Naturkostladen. Das Fritieren muß — wenn es geht — so kurz wie möglich vor dem Auftragen erfolgen. Aber es geht ja rasch. Du kannst jedoch zuvor schon alle Getreidebällchen und Tofu-Kuchen kneten, Gemüse säubern, Fritierteig zubereiten usw. Einen Shoyu-Ingwer-Dip dagegen mußt Du frisch zubereiten.

Auf Grundlage einer herzhaften Brühe aus Wasser, verschiedenen nicht zu klein geschnittenen Gemüsen und etwas Meersalz mit Shoyu oder Kanten kannst Du ein herrliches und gut aussehendes Gemüseaspik zubereiten, daß sich nach dem Abkühlen sogar stürzen läßt (siehe unter ,,Kanten-Fruchtnachtisch", Seite 138). So etwas mußt Du längere Zeit vorbereiten, da es nach dem Abkühlen noch steif werden muß. Das Stürzen von Aspik ist dann zwar rasch passiert, doch es ist meist ein spannender Moment. Du solltest es besser erledigt haben, wenn Deine Gäste kommen.

Schließlich wollen wir noch auf die Möglichkeiten nicht zu klein geschnittener Stückchen kurz blanchierten Gemüses (Seite 128) mit verschiedenen Dips hinweisen, die Du z. B. auf Grundlage eines Tofu-Dressings für Salate (Seite 114), eines Tahin-Dressings (Seite 123) und allen Soßenrezepten (Seite 141) zubereiten kannst. Gemüse blanchieren und Dips zubereiten kannst Du schon im voraus.

Ein Diner mit vier Gängen

Das Hauptziel beim Anrichten eines Diners ist natürlich die Festmahlzeit für Deine Gäste. Doch wenn Du sowieso schon einmal dabei bist, kannst Du für Dich selbst für die nächsten Tage auch gleich noch etwas fertigmachen. So kannst Du wenigstens nach dem Diner gleich einige Tage lang mit etwas weniger Arbeit auskommen.

Entrée

Beginne niemals mit schweren gebratenen oder frittierten Gerichten. Ein Entrée darf allerhöchstens die Eßlust wecken und soll vor allem nicht sättigen. Was hältst Du von einem Gemüsecocktail auf der Grundlage eines Sommerpickles (Seite 127) oder biologischem Sauerkraut?

Diese Gerichte dekorierst Du sowohl geschmacklich als auch farblich mit ein wenig roh geriebener Möhre, kleingeschnittenem Sellerie oder Sellerieblatt, Rettich, Porrée und verschiedenen feingehackten frischen grünen Kräutern. Das beste Ergebnis erzielst Du, wenn Du die nichtgrünen Komponenten schon einige Tage im voraus zusammenlegst.

Solche Cocktails bietest Du in schönen Glasschalen mit einem schönen Häubchen Tahin-Dressing (Seite 123) an, worauf Du dann noch eine eingelegte Olive legen kannst. Falls Du die Grundlage zu diesem Cocktail schon im voraus machst und in die Gläser gibst, brauchst Du vor dem Diner nur noch das Grün und das Dressing dazuzugeben.

Klare Suppe

Gehe von einer einfachen Brühe aus Wakame oder Kombu und verschiedenen Gemüsearten aus. Ein besonderes Gemüse für eine festliche Suppe wäre Knollenfenchel, Kerbel oder Bleichsellerie. Bei dieser Gelegenheit schmeckst Du die Suppe dann nicht mit Miso, sondern mit Meersalz und Shoyu ab, wodurch sie schön klar bleibt. Die Basisbrühe kannst Du schon lange im voraus zubereiten. Kurz vor dem Auftragen bringst Du die Brühe wieder zum Kochen und gibst das Gemüse Deiner Wahl dazu. Die Suppe trägst Du dann auf, wenn das Gemüse noch gerade ein bißchen zu knusprig ist.

Hauptgericht mit Getreide

Mit Reis oder einem anderen Getreide kannst Du bei dieser Gelegenheit kleingeschnittene frische oder getrocknete Eßkastanien mitkochen. Eine andere Möglichkeit ist es, gares Getreide mit Nüssen zu vermischen, die in einer Bratpfanne geröstet wurden (etwa Wal-, Hasel- oder Cashew-Nüsse). Rechne etwa mit halb so vielen Nüssen wie gares Getreide. Nüsse röstest Du vor, das Getreide kochst Du frisch, kurz vor dem Essen. Auch ein Getreideeintopf mit Hülsenfrüchten (Seite 89) eignet sich vorzüglich für ein festliches Mahl. Mit ein wenig Miso und feingehackten frischen Kräutern abschmecken.

Gemüse

Viel Lob erntest Du mit einem Gemüseeintopf, etwa auf Kombu, mit frischen verschiedenen Gemüsesorten in unterschiedlichen Farben und Geschmacksrichtungen (Seite 130). Gib noch etwas Seitan oder Tempeh dazu (siehe verschiedene Beispiele hinten in diesem Buch).

Ein solcher Gemüseeintopf wird frisch zubereitet, am besten so kurz wie möglich vor dem Essen. Allerdings kannst Du im voraus das frische Gemüse schon heraussuchen und säubern. Allerdings darfst Du es dann noch nicht schneiden.

Außer einem Gemüseeintopf kannst Du auch noch blanchierte oder gedämpfte Salate (Seite 129) zubereiten, z. B. mit einem Tofu-Dressing (Seite 114). Diese Gerichte kannst Du gut im voraus fertigmachen ohne daß etwas vom Geschmack verloren ginge — ganz im Gegenteil.

Gebratene Leckereien

Als gebratene Häppchen kannst Du frisch gebratenes Seitan (Seite 104) oder Tempeh (Seite 116) oder Seitan-Ragout (Seite 104) anbieten, wobei letzeres den Vorteil hat, daß Du es größtenteils im voraus zubereiten kannst. Kurz vor der Mahlzeit mußt Du das eine oder andere nur noch aufkochen oder binden. Etwas, das schon zuvor mit ArrowRoot gebunden wurde, führt beim Aufwärmen zu Schwierigkeiten.

Nachtisch

Sowohl mit Kanten-Fruchtdessert (Seite 138) als auch mit Roter Grütze (Seite 92) hast Du immer viel Erfolg. Du kannst beide Desserts im voraus zubereiten, da Du sie ja sowieso kalt servieren mußt (aber nicht zu kalt). Rote Grütze wird übrigens um so leckerer, je eher man sie zubereitet.

Arbeitsschema für die Zeit kurz vor dem Diner

1) Getreide waschen;
2) Getreide aufsetzen;
3) Gemüse schneiden;
4) Gemüse kochen;
5) Suppe fertigmachen;
6) Tahin-Dressing zubereiten;
7) Gemüsecocktails anmachen;
8) Seitanragout aufwärmen und binden oder Seitan oder Tempeh braten;
9) Gares Gemüse und zuvor geröstete Nüsse miteinander verrühren;
10) Gemüsecocktails servieren;
11) Suppe servieren (am besten in Schüsseln, dann bleibt sie länger warm);
12) Auftragen; aus eigener Erfahrung raten wir Dir nachdrücklich dazu, Deinen Gästen die Teller selbst zu füllen, dann bekommen sie das, was Du ihnen geben willst — und zwar im richtigen Verhältnis. Wenn Du es ihnen zu sehr selbst überläßt, nehmen sie nur das, was sie noch einigermaßen zu erkennen glauben, während sie einen großen Bogen um alle unbekannten Speisen machen. Außerdem kannst Du durch sorgfältiges Auftragen auf den Teller das Äußere der Mahlzeit noch ein wenig unterstreichen.
13) Dessert in Glasschalen oder in Schüsselchen gestürzt servieren.

Nachwort

Viele herkömmliche Kochbücher bieten nicht mehr als Tricks und Rezepte, die untereinander nur wenig Zusammenhang aufweisen. Wir jedoch wollten viel mehr als das. Unser Ziel war es gerade, so gut wie möglich zusammenhängende Informationen und Argumente zu liefern. Informationen, mit denen Du selbst weitergehen könntest — weiter auf dem Weg der (Wieder-)Entdeckung von dem, was natürlich ist und wie Du in Harmonie damit leben kannst. Wir raten Dir daher, gründlich über das Gelesene nachzudenken und auch mit anderen darüber zu sprechen. Du wirst sehen, daß Dir dann auf die Dauer immer wieder neue Argumente einfallen, die unsere Ausführungen noch unterstützen.

Mit diesem Buch haben wir Dir vielleicht sehr viel Neues auf einmal erzählt. Aber wir selbst haben alle diese Informationen nur allmählich gewonnen. Zunächst von unseren Eltern und Großeltern aus deren Erinnerungen und daraus, was in deren Zeit normal und natürlich war. Später dann von Menschen wie Johan Bouman, Han Stiekema, Nico Daum, George Ohsawa, Adalbert Nelissen, Michio und Aveline Kushi, Jean-Pierre Dobbelaere und vielen anderen. Am meisten haben wir dadurch gelernt, daß wir unsere Argumente in Gesprächen und Briefen mit anderen Menschen, mit Familienmitgliedern, Freunden, Kollegen, Gegnern und vor allem mit Teilnehmern an unseren Kursen getestet haben.

Schließlich gibt es dann noch ein großes Stück eigenen Beitrages, ,,Inspiration" könnte man es nennen. Woher das kommt, darüber sind wir uns noch nicht einig.

Anhang: Speiseplanbeispiele für je eine Woche für alle vier Jahreszeiten

Die folgenden Beispiele sind dazu gedacht, zu zeigen, welche Möglichkeiten es für mehrtägige Speisezettel gibt. Jedes Schema stellt eine Woche mit drei Mahlzeiten pro Tag zu einer bestimmten Jahreszeit dar. Dabei sind wir davon ausgegangen, daß Du auf jeden Fall einmal pro Woche — am Samstag — Einkäufe erledigst. Wenn Du noch andere frische Waren benötigst, die Du an anderen Tagen besorgen mußt, haben wir dies angegeben. Darüber hinaus haben wir angenommen, daß Du verschiedene Arten eingelegtes Gemüse zur Hand hast.

Wir sind dabei davon ausgegangen, daß Du eine größere Mahlzeit zu Hause abends zubereitest. Die Mittagsmahlzeit ist so vorgesehen, daß Du sie als „Lunchpaket" mit zur Arbeit nehmen kannst.

Die Rezepte für die Abendmahlzeiten sind in der Reihenfolge dargestellt, in der Du sie nach dem allgemeinen Arbeitsschema (Seite 83) zubereitest. Und sie sind so angelegt, daß Du zuerst die Suppe ißt und das Dessert zum Schluß.

Bei den verschiedenen Eintöpfen sind immer die yinneren Zutaten, die nahe an die Flamme gehören, zuerst genannt und anschließend die yangeren Zutaten.

Menübeispiel Frühlingswoche

Sonntags, abends hast Du genügend Zeit.
Frühstück: ... (auf der Grundlage von Resten oder frisch nach Wahl).
Vorbereitung für das Abendessen: Genügend Gerste und Kichererbsen
einweichen, damit davon abends ein Frühstück, zwei Mittagessen und
drei Abendmahlzeiten gekocht werden können.
Mittagessen: ... (auf der Grundlage von Resten oder frisch).
Abendessen: eingeweichte Gerste mit Kichererbsen vermischt;
Rote Bete, ganz gekocht, anschließend kleingeschnitten und mit Zwie-
beln und Dill geschmort;
Misosuppe, unter anderem mit Rübenkochwasser und Kräutern;
Rhabarber, gekocht mit Rosinen und getrockneten Aprikosen (koche
genug für zwei Mahlzeiten, auch für den nächsten Abend).
Vorbereitungen für das Mittagessen des nächsten Tages: Bällchen aus
der Gerste mit den Kichererbsen kneten. Diese füllst Du mit einigen ro-
hen Frühlingskräutern.

Montag, abends hast Du nicht soviel Zeit.
Frühstück: Brei aus garer Gerste mit Kichererbsen.
Mittagessen: Bällchen aus Gerste mit Kichererbsen und Füllung aus
Frühlingskräutern.
Frisch einkaufen: Tofu, Rübstielchen, Möhren mit Laub, Zuckererbsen
und Palerbsen.
Abendessen: gebratene Gerste mit Kichererbsenburger (brate gleich eine
doppelte Portion, auch für das Mittagessen des nächsten Tages);
blanchierter Salat aus Rübstielchen mit Tofu-Dressing (bereite genügend
für das Mittagessen des nächsten Tages vor);
Misosuppe unter anderem mit Blanchierwasser (mache gleich genug für
das Frühstück am nächsten Tag);
Rhabarberrest.
Vorbereitung des Frühstücks am nächsten Tag: Haferflockenbrei kochen.

Dienstag, abends hast Du nicht soviel Zeit.
Frühstück: Rest Misosuppe mit Haferflockenbrei.
Mittagessen: Gersterest mit Kichererbsenburger und Rübstielchensalat.
Abendessen: Gekochter Chicorée mit Senfsoße;
über dem Chicorée gedämpfte Gerste mit Kichererbsen;
Misosuppe unter anderem mit Chicoréekochwasser.
Vorbereitungen für das Frühstück des nächsten Tages: Hirsebrei kochen (mache genügend für zwei Frühstücke und ein Dessert).
Vorbereitungen für das Mittagessen des nächsten Tages: Nori-Röllchen mit dem Gersterest und Kichererbsen und einigen rohen Frühlingskräutern füllen.

Mittwoch, abends hast Du nicht soviel Zeit.
Frühstück: Hirsebrei vom vergangenen Abend.
Mittagessen: Nori-Röllchen gefüllt mit Gerste, Kichererbsen und Frühlingskräutern.
Abendessen: In Öl vorgeröstetes Bulghur mit Sonnenblumenkernen, Möhrenscheiben und Zuckererbsen (bereite genügend für das Mittagessen des nächsten Tages zu);
Salat aus blanchiertem Möhrenlaub mit Tofu-Dressing (mache genügend für das Mittagessen des nächsten Tages);
Misosuppe mit Tofublöckchen unter anderem aus Blanchierwasser (mache genügend für das Frühstück am nächsten Tag);
Hirsebrei, noch kurz mit einigen Früchten gekocht.
Vorbereitungen für das Mittagessen des nächsten Tages: Nori-Röllchen mit Bulghur und Möhrenlaubsalat füllen.

Donnerstag, abends möchtest Du sehr schnell fertig sein.
Frühstück: Rest Misosuppe und Hirsebrei vermischt.
Mittagessen: Nori-Röllchen mit Bulghur und Möhrenlaubsalat.
Abendessen: Gekochtes Kous Kous mit darin blanchiertem Spinat (mache genügend für das Gabelfrühstück des nächsten Tages);
gebratenes Arame mit Tofurest;
Misosuppe mit Möhren und Zwiebeln.
Vorbereitungen für das Mittagessen am nächsten Tag: Bällchen mit Kous Kous mit Aramefüllung kneten.
Vorbereitungen für das Abendessen des nächsten Tages: Ca. 10 cm Kombu einweichen.

Freitag, abends möchtest Du sehr schnell fertig sein, denn Du erwartest Besuch.
Frühstück: Buchweizenbrei (mache gleich genügend für das Dessert dieses Abends).
Mittagessen: Bällchen aus Kous Kous mit Aramefüllung.
Abendessen: Gekochte Nudeln in Brühe (mache gleich genügend für das Mittagessen des nächsten Tages);
Gemüseeintopf auf Kombu aus frischen Palerbsen, Porée und Radieschen mit Seitan;
Misosuppe unter anderem mit Nudelbrühe und Gemüsekochwasser (mache gleich genug für das Frühstück des nächsten Morgens);
gebratene, steifgewordene Buchweizenssscheiben mit Gerstenmalzsirup.
Vorbereitungen für das Frühstück des nächsten Tages: Haferbrei kochen.
Vorbereitungen für das Mittagessen des nächsten Tages: Nori-Röllchen mit Nudeln und Stückchen Shoyu-Reisessigpickles füllen.

Samstag, abends hast Du genügend Zeit.
Frühstück: Rest Misosuppe und Haferbrei.
Mittagessen : Nori-Röllchen mit Nudeln und Shoyu-Reisessigpickles.
Abendessen: Linsen und halblanger Reis zusammen in einem Druck-
kochtopf (mache gleich genug für das Mittagessen des nächsten Tages);
Kanten-Erdbeerdessert (mache gleich genug für das Dessert des Abend-
essens am nächsten Tag);
Salat aus blanchiertem Radieschenlaub mit Nattomiso;
Misosuppe unter anderem mit Blanchierwasser (mache gleich genug für
das Frühstück des nächsten Tages);
gebratenes Kombu aus dem Gemüseeintopf des vorhergehenden Tages.
Vorbereitungen für das Mittagessen des nächsten Tages: Bällchen aus
dem Reis mit Linsen kneten und mit Stückchen Shoyu-Reisessigpickles
füllen.

Sonntag
Frühstück: Rest Misosuppe und Haferbrei.
Mittagessen: Bällchen aus Reis mit Linsen und Shoyu-Reisessigpickles.
Abendessen: ... (Frisch nach Wahl).

Menübeispiel Sommerwoche

Sonntags, abends hast Du genügend Zeit
Frühstück: ... (Auf Grundlage von Resten oder frisch nach Wahl).
Mittagessen: ... (Auf Grundlage von Resten oder frisch nach Wahl).
Abendessen: Halblanger Reis ohne Druck (koche gleich genügend für ein Frühstück, drei Mittagessen und noch zwei Abendmahlzeiten);
gekochter Brokkoli (mache genug für das Mittagessen des nächsten Tages);
über Reis gedämpfte Pferdebohnen (mache gleich genug für das Mittagessen des nächsten Tages und noch ein Abendessen);
Misosuppe unter anderem mit Brokkoli-Kochflüssigkeit und Sommerkräutern;
Haferflockenbrei (koche genug für das Frühstück des nächsten Tages und wenigstens noch ein Dessert; koche die Desserts noch etwas weiter mit Waldbeeren und Dicksaft).
Vorbereitungen für das Mittagessen des nächsten Tages: Bällchen aus Reis mit Pferdebohnenfüllung und rohen Sommerkräutern kneten.

Montag, abends willst Du sehr schnell fertig sein.
Frühstück: Rest Haferflockenbrei.
Mittagessen : Bällchen aus Reis mit Pferdebohnenfüllung und Sommerkräutern sowie dem Brokkolirest.
Frische Einkäufe: Portulak, Kirschen, Tofu, Spitzkohl, Kopfsalat, Palerbsen und Gurken.
Abendessen: Gekochter Portulak (mache genug für das Mittagessen des nächsten Tages);
über dem Portulak gedämpfter Reis;
Salat aus Pferdebohnen mit Tahin-Dressing;
Misosuppe unter anderem mit Portulakkochwasser (mache genug für das Frühstück am nächsten Morgen);
eventuell noch ein Dessert aus übriggebliebenem Haferflockenbrei.
Vorbereitungen für das Mittagessen des nächsten Tages: Nori-Röllchen mit Reis, Portulak und Shoyu-Reisessigpickles füllen.
Vorbereitungen für das Abendessen des nächsten Tages: Sommerpickles aus Gurken vorbereiten.

159

Dienstag, abends hast Du nicht so viel Zeit.
Frühstück: restliche Misosuppe mit Portlakkochwasser und darin einige Tofublöckchen und garer Reis.
Mittagessen: Nori-Röllchen mit Reis, Portulak und Shoyu-Reisessigpickles.
Abendessen: Kanten-Kirschdessert (mache nötigenfalls genug für ein weiteres Dessert);
Gemüseeintopf aus Paprika, Zwiebel und Möhren mit Miso (mache gleich genug für das Mittagessen am nächsten Tag);
Misosuppe unter anderem mit Sommerkräutern (mache gleich genug für das Frühstück am nächsten Tag);
gebratene Tofukuchen mit Reis und Sommerkräutern;
Sommerpickles aus Gurken.

Mittwoch, abends hast Du nicht soviel Zeit.
Frühstück: Misosuppe mit Sommerkräutern, Tofublöckchen und Haferflocken vermischt.
Mittagessen: Tofurest mit Reis und Sommerkräutern, sowie restlichem Gemüseeintopf aus Paprika, Zwiebeln und Möhren mit Miso.
Abendessen: Gekochtes Bulghur (mache gleich genug für zwei Mittagessen und noch eine Abendmahlzeit);
über dem Bulghur gedämpfte frische Brechbohnen (mache genug für zwei Mittagessen und noch ein Abendessen);
Salat von den Außenblättern eines Kopfsalates mit Radieschen und Tofudressing;
Misosuppe;
eventuell Kanten-Kirschdessert.
Vorbereitungen für das Frühstück des nächsten Tages: Hirsebrei kochen (mache gleich genug für zwei Frühstücke und vielleicht auch noch ein Dessert).
Vorbereitungen für das Mittagessen des nächsten Tages: Nori-Röllchen mit Bulghur, Brechbohnen und Stückchen Sommerpickles füllen.

Donnerstag, abends möchtest Du sehr schnell fertig sein.
Frühstück: Hirsebrei.
Mittagessen: Nori-Röllchen mit Bulghur, Brechbohnen und Stückchen Sommerpickles.
Abendessen: Blanchierte Spitzkohlblätter, als Kohlröllchen gefüllt mit Bulghur und Brechbohnen, kurz in der Pfanne aufgebacken (mache gleich genug für das Mittagessen am nächsten Tag);
Salat aus restlichem Kopfsalat mit Tahin-Dressing;
Misosuppe unter anderem mit Blanchierwasser (mache genug für das Frühstück am nächsten Tag);
eventuell Dessert aus Hirsebrei, kurz zusammen mit frischen Pflaumen und Dicksaft kochen.

Freitag, abends hast Du nicht soviel Zeit.
Frühstück: Rest Misosuppe mit Hirsebrei.
Mittagessen: Rest Kohlröllchen.
Abendessen: Gekochtes Kous Kous (mache gleich genug für das Mittagessen am nächsten Tag);
im Kous Kous blanchierte Endivie (mache gleich genug für das Mittagessen am nächsten Tag);
Gemüseeintopf aus kleinen, jungen Pellkartoffeln mit Schale, Palerbsen und Möhrchen (bereite reichlich zu);
Kartoffeln aus dem Eintopf aufbacken;
Haferflockenbrei (mache genug für das Frühstück am nächsten Morgen; koche das Dessert mit Karob und Dicksaft).
Vorbereitungen für das Mittagessen am nächsten Tag: Bällchen aus Kous Kous mit Gemüsefüllung kneten.
Vorbereitungen für das Abendessen am nächsten Tag: Ca. 10 cm Kombu einweichen.

Samstag, abends möchtest Du sehr schnell fertig sein.
Frühstück: Haferflockenbrei.
Mittagessen: Bällchen aus Kous Kous mit Gemüsefüllung.
Abendessen: Gekochte Nudeln in Brühe (mache gleich genug für das Mittagessen am nächsten Tag);
in die Nudelbrühe gekochte Maiskolben;
gekochte Tempehblöckchen mit Schnippelbohnen (mache gleich genug für das Mittagessen am nächsten Tag);
Misosuppe unter anderem mit Nudelbrühe und Schnippelbohnenwasser (mache gleich genug für das Frühstück am nächsten Morgen).
Vorbereitungen für das Mittagessen am nächsten Tag: Nori-Röllchen mit Nudeln, Schnippelbohnen und Tempeh füllen.

Sonntag
Frühstück: Rest Misosuppe mit frisch gekochtem Buchweizenbrei.
Mittagessen: Nori-Röllchen mit Nudeln, Schnippelbohnen und Tempeh, sowie einem übriggebliebenen Maiskolben.
Abendessen: ... (Auf Basis von Resten oder frisch nach Wahl).

Menübeispiele Herbstwoche

Sonntag, abends hast Du genügend Zeit.
Frühstück: ... (Auf Grundlage von Resten oder frisch nach Wahl).
Mittagessen: ... (Auf Grundlage von Resten oder frisch nach Wahl).
Abendessen: Linsen und halblanger Reis zusammen in einem Druck-kochtopf (mache genug für zwei Frühstücke, drei Mittagessen und noch zwei Abendmahlzeiten);
zu den Linsen in einem eigenen feuerfesten Schälchen Rote Bete, Kanten-Fruchtdessert aus Birnen und Birnendicksaft mitkochen (mache nötigenfalls genug für ein Dessert zum Abendessen des nächsten Tages);
Misosuppe unter anderem mit Rübenkochwasser und rohem Porréegrün (mache gleich genug für das Frühstück am nächsten Tag);
auf Zwiebel und Apfel geschmorte, kleingeschnittene Rote Bete (mache gleich genug für das Mittagessen am nächsten Tag).
Vorbereitungen für das Mittagessen am nächsten Tag: Bällchen aus Reis mit einer Füllung aus Zwiebel, Apfel und Möhre kneten.

Montag, abends möchtest Du sehr schnell fertig sein.
Frühstück: Rest Misosuppe und Reisbrei aus garem Reis.
Mittagessen: Bällchen aus Reis mit Zwiebel-, Apfel- und Möhrenfüllung.
Abendessen: Gemüseeintopf auf gerösteten Sonnenblumenkernen aus Sauerkraut, Fenchel und Porrée (mache gleich genug für das Mittagessen am nächsten Tag);
über dem Gemüseeintopf gedämpfter Reis;
Linsen-Tahinsoße;
Misosuppe unter anderem mit dem Rest Linsenkochwasser, das nicht für die Soße gebraucht wurde (mache gleich genug für das Frühstück am nächsten Tag);
eventuell Kanten-Birnendessert.
Vorbereitungen für das Mittagessen am nächsten Tag: Nori-Röllchen mit Reis, Sauerkraut, Fenchel und Porrée füllen.

Dienstag, abends möchtest Du sehr schnell fertig sein.

Frühstück: Rest Misosuppe und Reisbrei aus garem Reis.

Mittagessen: Nori-Röllchen mit Reis-, Sauerkraut- und Porrée-Füllung.

Frische Einkäufe: Gurke, Chinakohl und Bleichsellerie.

Abendessen: Gemüseeintopf auf Kombu aus Gurke, Chinakohl und Bleichsellerie (mache genügend für das Mittagessen am nächsten Tag); gebratener Reis mit Linsenburger (mache gleich genug für das Mittagessen am nächsten Tag);

Misosuppe unter anderem mit Gemüsekochwasser.

Vorbereitungen für das Frühstück am nächsten Tag: Hirsebrei kochen (mache gleich genug für das Dessert zum Abendessen).

Vorbereitungen für das Abendessen am nächsten Tag: Sommerpickles aus Gurken vorbereiten (mache gleich genug als Beilage zu verschiedenen Mahlzeiten).

Mittwoch, abends hast Du genügend Zeit.

Frühstück: Hirsebrei.

Mittagessen: Reisrest mit Linsenburgern und restlichen Gurken, Chinakohl und Bleichsellerie.

Abendessen: Azukibohnen und Gerste zusammen in einem Druckkochtopf (mache genug für ein Frühstück, drei Mittagessen und zwei Abendmahlzeiten);

Dessert aus restlichem Hirsebrei, gekocht mit kleingeschnittenem Apfel; gekochte Kohlrabi;

Misosuppe mit Kohlwasser;

gebratenes Kombu aus dem Gemüseeintopf vom vorigen Tag (mache gleich genug für das Mittagessen des nächsten Tages);

Sommerpickles aus Gurken.

Vorbereitungen für das Mittagessen des nächsten Tages: Bällchen aus Gerste mit Stückchen gebratenem Kombu als Füllung kneten.

Donnerstag, abends möchtest Du sehr schnell fertig sein.
Frühstück: Frisch gekochter Buchweizenbrei (mache genug für ein Dessert zum Abendessen).
Mittagessen: Bällchen aus Gerste mit gebratenem Kombu und Kohlrabirest.
Abendessen: Blanchierter Chinakohl mit Tahin-Dressing (mache gleich genug für das Mittagessen am nächsten Tag);
über dem Kohl gedämpfte Gerste;
Soße aus gebräunter Zwiebel und Kürbis mit Azukibohnen (mache gleich genug für das Mittagessen am nächsten Tag);
Misosuppe unter anderem mit Blanchierwasser (mache genug für das Frühstück am nächsten Tag);
gebratene steif gewordene Buchweizenscheiben mit Gerstenmalzsirup und Zimt.
Vorbereitungen für das Mittagessen am nächsten Tag: Blanchierte Chinakohlblätter mit Gerste und Soße füllen.

Freitags, abends hast Du nicht soviel Zeit.
Frühstück: Rest Misosuppe und Brei aus garer Gerste und Azukibohnen.
Mittagessen: Chinakohlröllchen mit Gerste und Soße gefüllt.
Abendessen: Gemüseeintopf auf geröstetem Sesam aus Bleichsellerie, Rettich und Möhren (mache gleich genug für das Mittagessen des nächsten Tages);
gebratene Gerste mit Azukibohnenburgern (mache gleich genug für das Mittagessen des nächsten Tages);
Misosuppe unter anderem mit Kürbis-/Azukibohnenrest und Gemüsekochwasser.

Samstag, abends hast Du nicht soviel Zeit.

Frühstück: Frisch gekochter Haferflockenbrei (mache gleich genug für ein Dessert zum Abendessen).

Mittagessen: Gersterest mit Azukibohnen und Reste von Bleichsellerie, Rettich und Möhren.

Abendessen: Gekochtes Bulghur mit darin gekochten Brechbohnen (mache gleich genug für das Mittagessen des nächsten Tages);

gekochter Blumenkohl (mache gleich genug für das Mittagessen am nächsten Tag);

Misosuppe unter anderem mit Blanchierwasser, Blumenkohlwasser und kleingeschnittenem Strunk (mache gleich genug für das Frühstück am nächsten Morgen);

Haferflockenbrei, gekocht mit Brombeeren und Dicksaft.

Vorbereitungen für das Mittagessen des nächsten Tages: Nori-Röllchen mit Bulghur und Brechbohnen füllen, Bällchen aus Bulghur mit Blumenkohlfüllung kneten.

Sonntag

Frühstück: Rest Misosuppe und frisch gekochter Hirsebrei.

Mittagessen: Nori-Röllchen mit Bulghur und Brechbohnen sowie Bällchen aus Bulghur mit Blumenkohlfüllung.

Abendessen: ... (nach Wahl)

Menübeispiele Winterwoche

Sonntag, abends hast Du genügend Zeit.
Frühstück: ... (auf Grundlage von Resten oder frisch nach Wahl).
Vorbereitung für das Abendessen: Backbirnen in reichlich Wasser kochen (mache genug für wenigstens zwei Desserts).
Mittagessen: ... (auf Grundlage von Resten oder frisch nach Wahl).
Abendessen: Getreideeintopf mit rundem Reis, Gerste, Hafer und Azukibohnen (mache gleich genug für drei Mittagessen und noch zwei Abendmahlzeiten);
Kanten-Kochbirnen-Dessert (mache vielleicht zwei Desserts);
Gemüseeintopf auf Kombu mit Zwiebel, Rettich und Möhren (mache genug für das Mittagessen am nächsten Tag);
über dem Gemüseeintopf gedämpfter Grünkohlsalat mit Nattomiso(mache genug für das Frühstück am nächsten Tag);
Misosuppe unter anderem mit Gemüsekochwasser und dünnen Scheiben des Grünkohlnervs;
gebratenes Kombu aus dem Gemüseeintopf.
Vorbereitungen für das Frühstück des nächsten Tages: Hirsebrei mit Pastinak kochen (mache gleich genug für ein weiteres Frühstück).

Montag, abends hast Du nicht soviel Zeit.
Frühstück: Hirsebrei mit Pastinak.
Mittagessen: Reis, Gerste, Hafer und Azukibohnen vermischt mit Zwiebel-, Rettich-, Möhren- und Grünkohlsalatresten.
Abendessen: Geschmortes Sauerkraut mit Porrée (mache genug für das Mittagessen des nächsten Tages);
über dem Sauerkraut mit dem Porrée gedämpfter Reis, Gerste, Hafer und Azukibohnen;
Misosuppe unter anderem mit Zwiebeln und rohem Porréegrün;
eventuell noch ein Kanten-Birnen-Dessert.
Vorbereitungen für das Mittagessen des nächsten Tages: Bällchen aus Reis, Gerste, Hafer und Azukibohnen mit einer Füllung aus Sauerkraut und Porrée kneten.

Dienstag, abends möchtest Du sehr schnell fertig sein.

Frühstück: Hirsebrei mit Pastinak.

Mittagessen: Bällchen aus Reis, Gerste, Hafer und Azukibohnen mit einer Füllung aus Sauerkraut und Porrée.

Abendessen: Gebratene Reis-, Gerste-, Hafer- und Azukibohnenburger (mache genügend für das Mittagessen am nächsten Tag);

gekochter Rosenkohl (mache genug für das Mittagessen am nächsten Tag);

Misosuppe unter anderem mit dem Kochwasser und den weniger schönen Außenblättern des Rosenkohls (mache gleich genug für das Frühstück des nächsten Morgens).

Mittwoch, abends hast Du nicht soviel Zeit.

Frühstück: Rest Misosuppe mit Haferflocken aufgekocht.

Mittagessen: Rest Reis-, Gerste-, Hafer- und Azukibohnenburger und Rest Rosenkohl.

Frische Einkäufe: Tofu und Eßkastanien.

Abendessen: Hirsepüree mit Grünkohl, Kürbis und Sellerie vermischt (mache genug für zwei Mittagessen und noch ein Abendessen);

auf der Hirse gedämpften Feldsalat mit Tofu-Dressing (mache gleich genug für das Mittagessen am nächsten Tag);

Misosuppe unter anderem mit Grünkohlnerven und Tofublöckchen (mache gleich genug für das nächste Frühstück).

Vorbereitungen für das Frühstück des nächsten Tages: Buchweizenbrei kochen (wenn gewünscht, kannst Du einen Teil davon mit Gerstenmalzsirup als Dessert für das Abendessen weiterkochen).

Vorbereitungen für das Mittagessen des nächsten Tages: Nori-Röllchen mit Hirsepüree, Feldsalat und Stückchen Winterpickles füllen.

Donnerstag, abends möchtest Du sehr schnell fertig sein.

Frühstück: Rest Misosuppe und Buchweizenbrei vermischt.

Mittagessen: Nori-Röllchen mit Hirsepüree, Feldsalat und Stückchen Winterpickles.

Abendessen: Gebratenes Arame mit Kastanien (mache genügend für das Mittagessen am nächsten Tag);

Misosuppe unter anderem mit Arameeinweichwasser und Tofublöckchen (mache gleich genug für das Frühstück am nächsten Tag);

über der Suppe gedämpftes Hirsepüree mit Grünkohl, Kürbis und Sellerie vermischt.

Vorbereitungen für das Mittagessen des nächsten Tages: Bällchen aus dem Hirsepüreerest mit Grünkohl, Kürbis und Sellerie kneten. Die Füllung besteht aus gebratenem Aramé.

Freitag, abends hast Du genügend Zeit.

Frühstück: Rest Misosuppe und Buchweizenbrei.

Vorbereitung für das Abendessen: Kapuzinererbsen einweichen (nimm gleich genug für ein Frühstück, zwei Mittagessen und zwei Abendmahlzeiten).

Mittagessen: Bällchen aus Hirsepüree mit Grünkohl, Kürbis und Sellerie und einer Füllung aus gebratenem Arame.

Abendessen: Kapuzinererbsen mit rundem Reis zusammen in einem Druckkochtopf (mache gleich genug für ein Frühstück, zwei Mittagessen und zwei Abendmahlzeiten);

blanchierter Grünkohl mit Tofu-Dressing (mach gleich genug für das Mittagessen des folgenden Tages);

Rotkohl mit Apfel und Zwiebel, geschmort;

Misosuppe unter anderem mit Blanchierwasser, Kapuzinererbsen-Kochwasser und Scheibchen vom Grünkohlnerv (mache gleich genug für das Frühstück und das Abendessen des nächsten Tages).

Vorbereitungen für das Mittagessen des folgenden Tages: Nori-Röllchen mit Reis, blanchiertem Grünkohl und Stückchen Winterpickles füllen.

Vorbereitung für die Abendmahlzeit des nächsten Tages: Rote Grütze mit Gerste, Pflaumen, Korinthen usw. kochen (mach gleich genug für z. B. vier Desserts).

Samstag, abends hast Du nicht soviel Zeit.
Frühstück: Misosuppe und Haferbrei.
Mittagessen: Nori-Röllchen mit Reis, blanchiertem Grünkohl und Stückchen Winterpickles.
Abendessen: Gemüseeintopf auf Kombu aus Kürbis, Porrée und Möhre (mache gleich genug für das Mittagessen des nächsten Tages);
über dem Gemüseeintopf gedämpfter Reis mit Kapuzinererbsen;
Rest Misosuppe mit dem Gemüsekochwasser dazu;
gebratenes Kombu aus dem Gemüseeintopf;
Rote Grütze.

Sonntag
Frühstück: Rest Haferbrei.
Mittagessen: Rest Reis mit Kapuzinererbsen und Rest Kürbis, Porrée und Möhren.
Abendessen: ... (frisch nach Wahl).

Die Autoren

Marian de Graaf-Posthumus wurde 1946 geboren, absolvierte eine Ausbildung an der Kunstakademie in Rotterdam (Niederlande). Sie befaßt sich seit 1976, anfänglich nur wegen der Gesundheit ihres Mannes Erik, intensiv mit Naturkost und Makrobiotik. Ihre Kenntnisse erlangte sie durch eine Vielzahl Kurse auf diesem Gebiet, u. a. beim Ost-West-Zentrum in Amsterdam und Rotterdam.

Seit 1978 gibt sie makrobiotischen Kochunterricht, zuerst nur in den Niederlanden, später auch in Österreich. Sie publizierte ihre Erfahrungen in vielen holländischen Zeitschriften. Außerdem ist sie Mitarbeiterin des holländischen Rundfunks, neuerdings wirkt sie auch in einem Lehrgang der Fernsehakademie mit.

In einem offenen nationalen Preisausschreiben für Fischrezepte in den Niederlanden 1983 gewann sie den zweiten Preis mit einem typischen makrobiotischen Beitrag.

Erik de Graaf wurde 1942 geboren, studierte an der Technischen Universität in Delft (Niederlande) und ist jetzt, nach einer dreizehnjährigen technisch-wissenschaftlichen Karriere, als selbständiger wissenschaftlicher Forscher und Publizist tätig. Auch er befaßt sich seit 1976 intensiv mit Naturkost und Makrobiotik. Dazu nahm er an vielen Kursen auf diesem Gebiet, u. a. am ,,Kushi-Institute" in Boston, USA, teil. Er hielt viele Vorträge über natürliche Ernährung in ganz Holland. Weiterhin publizierte er in vielen Zeitschriften, auch außerhalb des holländischen Sprachraums, meist zusammen mit Marian, wie z. B. in der schweizerischen ,,Cytobiologische Revue" und im amerikanischen ,,East West Journal". Ebenfalls zusammen mit Marian verfaßte er Bücher über Wild-Gemüse, wilde Früchte, Samen und Nüsse und eßbare Pilze aus der Sicht der makrobiotischen Küche.

Im Jahre 1985 wurde er in den Arbeitsausschuß ,,Alternative Ernährung" des nationalen niederländischen Ernährungsrates berufen.

Auch er war häufig Mitarbeiter im holländischen Rundfunk.

Zusammen schrieben Erik und Marian auch ein Lehrbuch über Shiatsu- und Do-in-Meridian-Massage.

Rezeptindex

Andere Bücher aus dem pala-verlag

Kushi/Esko: **Makrobiotisch ohne Mühe,** ISBN: 3-923176-82-1

U. Rabe: **Kochen mit Hafer** ISBN: 3-923176-81-3

W. Hertling: **Kochen mit Hirse** ISBN: 3-923176-50-3

P. Schwenk: **Buchweizen** ISBN: 3-923176-64-3

Gesamtverzeichnis bei:
pala-verlag • Postfach 11 11 22 • 64226 Darmstadt